괴짜 할아버지의 선물
삼강행실도

괴짜 할아버지의 선물
삼강행실도

1판 1쇄 발행 2017년 2월 10일
1판 4쇄 발행 2019년 9월 2일

글 함영연
그림 이예숙

펴낸이 윤상열
편집 염미희 김다혜
디자인 쏘굿
마케팅 윤선미 이서윤
경영관리 김미홍
펴낸곳 도서출판 그린북
출판등록 1995년 1월 4일(제10-1086호)
주소 서울시 마포구 방울내로11길 23 두영빌딩 302호
전화 02-323-8030~1
팩스 02-323-8797
블로그 http://greenbook.kr
이메일 gbook01@naver.com

글 ⓒ 함영연 2017
이 책의 저작권은 저자와 출판사에 있습니다.
서면에 의한 저자와 출판사의 허락 없이 내용의 일부를 인용하거나 발췌하는 것을 금합니다.

ISBN 978-89-5588-331-2 74810
ISBN 978-89-5588-269-8 (세트)

* 파손된 책은 구입하신 곳에서 바꿔 드립니다.
* 이 도서의 국립중앙도서관 출판예정도서목록(CIP)은 서지정보유통지원시스템 홈페이지(http://seoji.nl.go.kr)와
  국가자료공동목록시스템(http://www.nl.go.kr/kolisnet)에서 이용하실 수 있습니다. (CIP제어번호: CIP2017001324)

어린이제품안전특별법에 의한 표시

품명 어린이 도서   **제조국** 대한민국   **사용연령** 8세 이상
주의사항 책 모서리에 다치지 않도록 주의하세요.

어린이의
인성과 지성,
고전에서 찾다
삼강행실도

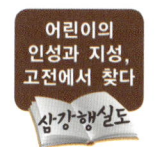

괴짜 할아버지의 선물

삼강행실도

글 함영연 그림 이예숙

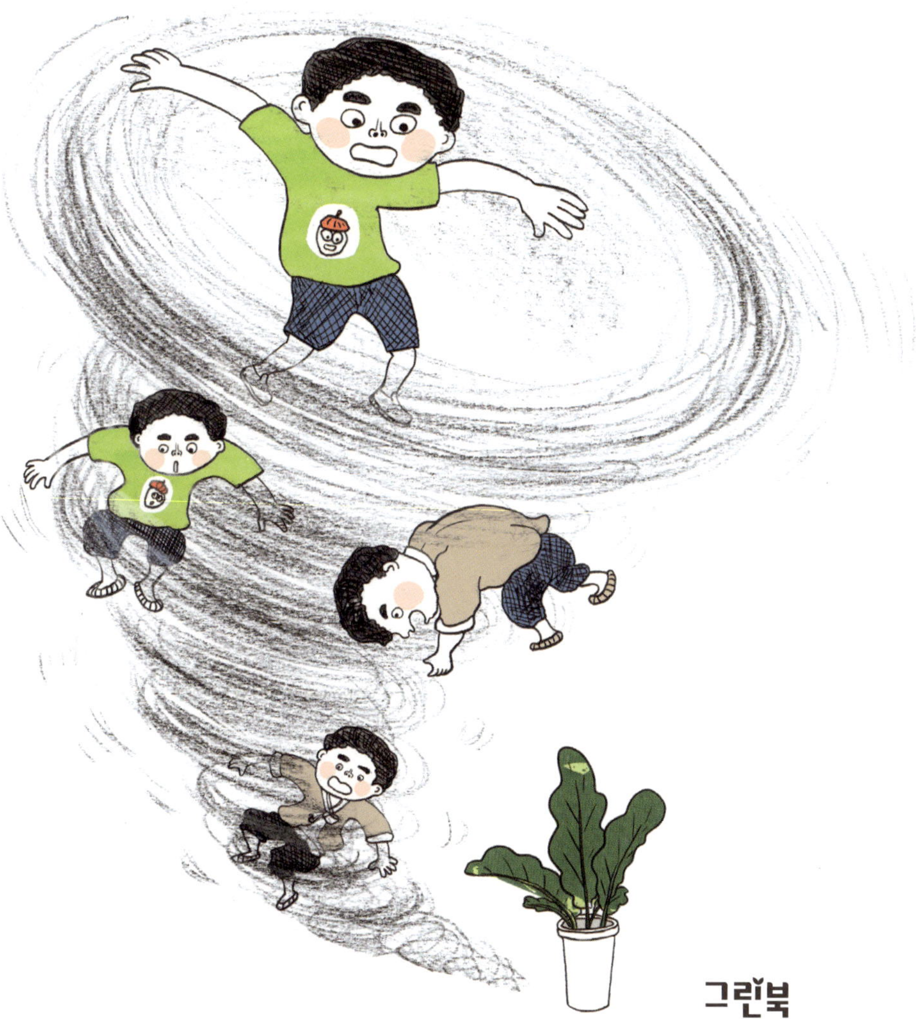

그린북

작가의 말

마음이 쑥쑥 자라는 우리 고전, 《삼강행실도》

요즘 들어 점점 사회가 어수선해지고 바탕이 흔들린다는 우려의 목소리를 자주 듣습니다. 그럴 때마다 바탕이 될 만한 인문 고전 책이 없을까 하고 생각해 보곤 했어요. 그러다 떠오른 것이 《삼강행실도》예요. 인문 고전을 찾는 학부모와 어린이들에게 《공자》, 《맹자》 같은 중국의 책도 좋지만, 우리나라 고전이 의미가 있을 거라는 생각에서였지요. 조선 시대의 책이지만 현대 어린이들이 읽어도 마음이 성장하는 데 도움이 될 거라는 확신도 들었고요. 그래서 재미있는 이야기를 만들어 《삼강행실도》를 자연스럽게 읽을 수 있게 했답니다.

찬우는 치매 걸린 할머니와 살고 있어요. 찬우의 엄마는 할머니를 돌보느라 힘들어 하지요. 찬우는 엄마를 힘들게 하는 할머니가 섭섭해 투덜거려요. 그때마다 엄마는 어른을 공경해야 한다며 효를 강조하지요. 찬우는 할머니의 반복되는 치매 증상들에 지쳐서 효란 말만 들어도 진저리를 칩니다.

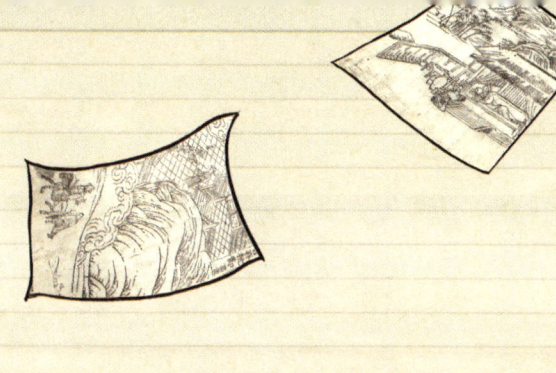

　방학을 하자, 찬우는 집에서 도망치듯 공주의 이모 집으로 갔어요. 그 동네에서 괴짜 할아버지를 만나지요. 그런데 뜻하지 않게 조선 시대로 가서 도둑으로 몰려 관가로 끌려가는 신세가 됩니다.

　그때 도화원의 한 화원의 도움으로 위기를 넘기지만, 그 화원은 찬우에게 안견이 그린 그림을 몰래 가져다 태워 버리라고 해요. 안 그러면 관노비로 보내겠다고 윽박지르면서 말이죠. 찬우는 그림을 태우느냐, 마느냐의 갈림길에 서서 갈등에 빠지는데…….

　찬우를 따라가다 보면 자연스럽게 《삼강행실도》의 내용을 익힐 수 있고 마음도 쑥쑥 자랄 거예요. 찬우가 어떤 선택을 했는지, 어떻게 성장했는지 살펴보고, 더불어 여러분의 마음도 성장하길 바랍니다.

2017년 2월 함영연

작가의 말 마음이 쑥쑥 자라는 우리 고전, 《삼강행실도》• 8
이 책에 나오는 사람들을 소개합니다! • 12
이야기를 시작하며 《삼강행실도》를 만들어라! • 14

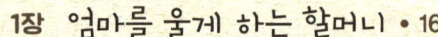

1장 엄마를 울게 하는 할머니 • 16

2장 그림이 그려진 옛날 책 • 24
3장 괴짜 할아버지 • 28
4장 삼강의 윤리를 담아라! • 40
5장 글자를 모르는 백성들을 위해 • 46
6장 떠돌이 아이 • 54
7장 박 화원의 심부름 아이가 되다 • 64
8장 어려지는 병 • 74

9장 그림을 없애라! • 82

10장 장영실을 만나다 • 90

11장 선택의 순간 • 98

12장 개동이 동무들 • 106

13장 잘못된 결정 • 112

14장 돌아오다 • 118

15장 효부상 • 128

이야기를 마치며 《삼강행실도》를 알아보아요! • 136

이 책에 나오는 사람들을 소개합니다!

방학 필독서인 《삼강행실도》를 몸으로 읽은 초등학생이에요. 어떻게 몸으로 읽었느냐고요? 궁금하다면 이 책장을 넘겨 보세요.

치매에 걸린 시어머니를 잘 돌봐 드리려 노력하고 있는 찬우 엄마예요. 기특하게도 아들이 고생하는 엄마를 걱정해 주네요.

편찮은 어머니를 모시고 있는 찬우 아빠입니다. 할머니를 귀찮게만 여기는 아들 녀석에게 《삼강행실도》를 꼭 읽으라고 신신당부했지요.

찬우

찬우 엄마

찬우 아빠

찬우 할머니

괴짜 할아버지

안녕하세요. 나는 찬우 할머니인데, 이 책이 무슨 책이오? 찬우랑 밥 먹으러 가야 하니, 이만 안녕!

나는 괴짜지만 여러 가지 발명품을 만드는 게 취미라오. 다만 발명품이 완벽하지 못해서 가끔 말썽을 일으키는 게 문제지만 말이오. 그런데 내가 사람으로 보이오?

나는 도화원에서 그림을 그리는 조선 시대 화원이오. 아버지를 기쁘게 해 드리기 위해 나쁜 일까지 하려 했다오. 어찌하면 좋겠소?

박 화원의 집에서 집안일을 돌보는 사람이라오. 어느 날, 박 화원 나리가 이상한 아이를 데려왔는데, 불쌍해 보여서 잘 돌봐 줬다오.

박 화원의 집에 사는 개동이예요. 어느 날, 난데없이 찬우라는 이상한 녀석이 우리 집에 왔어요. 하지만 제가 잘 보살펴 줬지요.

박 화원

행랑아범

개동이

《삼강행실도》를 만든 사람들

세종 대왕

설순

안견

난 조선의 제4대 왕이오. 내가 《삼강행실도》를 만들도록 시켰다오. 《삼강행실도》는 백성들이 쉽게 읽도록 만든 도덕 교과서이니 어린이 여러분도 잘 읽기를 바라오.

세종 대왕의 명을 받고 《삼강행실도》를 만들었다오. 책 안에 그림을 그려 넣어 글을 모르는 백성들도 내용을 알 수 있도록 노력했다오.

조선 초기에 활동한 화원이라오. 도화원에서 화원들을 데리고 《삼강행실도》의 그림을 그리도록 이끄는 작업을 담당했소.

이야기를 시작하며

《삼강행실도》를 만들어라!

　1428년, 조선 시대 제4대 왕인 세종이 나라를 다스리고 있을 때였어요. 진주에 사는 김화라는 사람이 자신의 아버지를 살해한 사건이 일어났습니다. 아버지를 살해한다는 것은 예나 지금이나 아주 충격적인 일입니다. 어느 나라, 어느 시대에나 강력 범죄로 다스릴 일이었는데, 특히 유교를 국가 이념으로 삼고 있던 조선에서는 충격이 더 크게 다가왔습니다. 결국 김화는 강상죄*로 능지처참에 처해졌지요.

　이때 세종은 이렇게 말하며 자신을 나무랐습니다.

　"여인이 남편을 죽이고, 종이 주인을 죽이는 것은 간혹 있는 일이지만 이제 아비를 죽이는 자까지 있으니 이는 반드시 내가 덕이 없는 까닭이로다."

그런데 당시 판부사를 지내고 있던 허조는 세종에게 아랫사람이 윗사람을 해하는 죄는 더욱 엄중히 다스려야 한다고 주장했습니다. 세종은 허조의 뜻에 공감은 했지만 법률상으로 더 큰 벌을 내리기가 어렵다는 것을 깨달았습니다. 그렇다고 손을 놓고 있을 수는 없어서 백성들을 교육시키기로 했습니다. 세종은 백성들이 항상 볼 수 있도록 효행의 풍습을 널리 알리는 책을 만들기로 했어요. 그리고 백성들이 글을 읽지 못하는 것을 염려하여 책에 그림을 그려 넣도록 지시했지요. 이 책이 바로 《삼강행실도》입니다.

자, 그럼 이 책 안에는 도대체 어떤 이야기가 실려 있는지 찬우와 함께 읽어 볼까요?

*강상죄 : 조선 시대 사람이 지켜야 할 도리로 삼은 삼강과 오륜의 도덕을 심하게 위반한 죄를 일컬음.

1장

엄마를 울게 하는 할머니

"배고파, 배고파. 밥 줘!"
할머니가 텔레비전 소리보다 더 크게 말했다.
"아휴, 또 시작이야!"
찬우는 짜증이 몰려와서 머리를 감쌌다.
"어머님, 금방 드셨잖아요."
엄마가 달래듯이 할머니의 손등에 손을 얹었다.
"배고파. 배고프다고!"
할머니가 손을 뿌리쳤다. 하는 수 없이 엄마는 주방으로 갔다.
그동안 할머니가 당뇨를 앓고 있어서 엄마는 할머니의 먹거리에 신경 써야 했다. 그런데 어느 날부터 이불 속에서 밥 덩이가 나오고, 방석 밑에서 생선전이 나오는 일이 벌어졌다. 게다가 할머니는 끊임

없이 먹을 걸 달라고 했다. 엄마는 할머니에게 제발 그러지 말라고 여러 차례 말했지만 음식을 꽁꽁 숨기는 일은 계속되었다.

"어머님을 병원에 모시고 가 봐야겠어요."

참다못한 엄마가 퇴근한 아빠에게 말했다.

"병원 갈 날은 며칠 남았잖소?"

아빠는 낮에 집에 있지 않아서 그런지 덤덤했다.

"당뇨 치료도 해야 하지만, 치매가 온 것 같아요."

"무슨 그런 말을……."

아빠가 확인하려는 듯이 찬우를 보았다.

"정말이에요. 할머니가 이상해요. 자꾸 먹는 걸 숨기고, 화를 내고, 엄마를 막 부려 먹으려고 하세요. 오늘도 곰팡이가 핀 생선전을 발견했다고요. 서랍장에서요. 으윽!"

찬우는 답답한 마음에 가슴을 두드렸다.

"거참, 난 회사에 중요한 일이 있어서 자리를 비울 수 없으니 당신이 내일 모시고 가 봐요."

아빠가 엄마에게 부탁을 했다.

다음 날, 엄마는 할머니를 모시고 병원에 다녀 왔다. 우려한 대로 노인성 치매였다.

"당뇨도 있는데 치매까지 걸리셨으니, 어떻게 돌봐 드려야 할지 걱정이군. 치매 어르신들 돌보는 요양 병원을 알아봐야 하나?"

아빠는 할머니의 검진 결과를 듣더니 땅이 꺼질 듯이 한숨을 푹 내쉬었다.

"당장 결정하지는 말고 집에서 할 수 있는 만큼 해 봐요. 의사 선생님이 신경 써서 돌보면 좋아질 수 있다고 했거든요."

"당신이 힘들까 봐 그러지."

"힘이야 들겠지만, 친정 엄마가 일찍 돌아가셔서 그동안 어머님을 의지하고 지냈으니 더 잘 돌봐 드려야겠어요."

엄마가 아빠의 걱정을 덜어 주었다.

그런데 할머니의 행동은 점점 더 심해졌다. 밥을 제때 안 준다고 밥상을 밀쳐 엎기도 하고, 여기저기 숨겨 둔 음식을 찾아내 치우면 화를 냈다. 또 먹을거리에 대한 불평은 더 잦아졌다.

"어머님, 드셔 보세요."

주방으로 간 엄마가 할머니를 위해 호박죽을 담아 왔다.

"싫어! 고등어조림 먹을 거야. 어서 해 줘."

"어머님! 이왕 가져왔으니 이거 드셔 보세요."

당뇨 때문에 짠 음식을 피하느라 할머니가 좋아하는 짭조름한 고등어조림을 하지 않았는데, 할머니는 막무가내였다.

"맛있는 건 숨겨 놓고 푸대접하는 네 속내 다 알아봤다. 둘이서만 먹으려는 거지?"

"어머님, 그런 것 아니에요."

"고얀 것들!"

할머니가 푸르르 화를 냈다.

"어머님, 제발……."

엄마의 눈에 눈물이 가득 고였다.

찬우는 참을 수 없어 소리쳤다.

"할머니! 엄마 힘들게 하지 마세요!"

"저저, 말 꼬락서니 봐라."

할머니가 손을 휘저으며 소리쳤다.

"할머니께 그러면 못써. 어서 잘못했다고 말씀 드려."

엄마가 나무랐다.

"엄마, 내가 틀린 말 했어요?"

찬우는 자리에서 일어나 밖으로 나왔다.

"할머니는 지금 편찮으신 거야. 그러니 우리가 더욱 잘해 드려야 하지 않겠니? 옛날엔 부모님 병을 낫게 하려고 손가락을 잘라서 피를 드리기까지 했다더라.《삼강행실도》라는 책에서 본 것 같은데, 그 정도의 정성은 아니라도 마음은 편하게 해 드려야지."

뒤따라 나온 엄마가 말했다.

"그런 고리타분한 얘기는 모르겠고, 정말 짜증 나요."

찬우가 퉁퉁거렸다.

"그러지 말래도. 엄마가 늙고 병들면 나몰라라 할 거니?"

"엄마를 힘들게 하니까 그렇죠!"

"아이고, 우리 아들! 엄마 생각해 줘서 고맙네."

엄마가 찬우의 등을 토닥여 주었다. 찬우도 그러고 싶지만 할머니에 대한 불편한 마음은 쉽게 사라지지 않았다.

"할머니 목욕하실 시간이네. 찬우야, 할머니 목욕물 좀 받아 줄래?"

"싫어요, 이젠 안 할 거예요."

찬우는 고개를 저었다.

"후유, 힘들 땐 서로 위해 줘야지, 잘하다가 왜 그러니?"
엄마가 한숨을 쉬었다.
"싫어, 싫단 말예요. 엄마가 알아서 하세요."
찬우는 대문을 박차고 나왔다. 할머니는 생각타래가 얽혀 있는 게 분명했다. 찬우는 건강한 할머니의 모습으로 되돌릴 수 있는 기계가 있었으면 하고 생각했다.
'괴짜 할아버지라면 그런 걸 만드실 수 있을 텐데……'
찬우는 문득 방학 때마다 가는 이모네 동네의 괴짜 할아버지가 생각났다.

《삼강행실도》 탄생의 계기가 된 김화 사건

세종 10년인 서기 1428년, 나라가 점차 안정되던 시기에 충격적인 사건이 일어났어요. 진주에 사는 김화라는 사람이 자신의 아버지를 죽인 사건이었어요. 아버지를 살해한다는 건 어느 나라에서나 심각한 강력 범죄이지만, 특히 유교를 국가 이념으로 삼았던 조선에서 그 충격은 더할 수밖에 없었어요. 당연히 김화는 엄청난 죄를 지은 죄인에게 내리는 최고의 벌인 능지처참에 처해졌지요. 하지만 죄인이 죽었다고 사건의 충격이 사라지진 않았어요. 이를 두고 세종은 자책하며 말했어요.

"여인이 남편을 죽이고, 종이 주인을 죽이는 것은 간혹 있는 일이지만, 이제 아비를 죽이는 자가 있으니, 이는 반드시 내가 덕(德)이 없는 까닭이로다."

한편, 판부사 허조는 예순이 넘도록 살면서 이런 일이 처음이라며 세종에게 아랫사람이 윗사람을 범하는 죄를 엄히 다스릴 것을 주장했어요. 하지만 세종과 대신들은 허조의 뜻에 공감하면서도 법률상으로 처벌을 더하는 건 어렵다는 입장을 보였어요. 그렇다고 손을 놓을 수 없어서 백성들을 교화시키기 위한 계획을 추진했어요. 바로 《삼강행실》의 편찬이었지요. 세종 대왕은 백성들이 글을 읽지 못해 책 내용을 이해하지 못할 것을 염려하여, 《삼강행실》에 그림을 더하라고 명령했어요. 그것이 《삼강행실도》랍니다.

삼강행실도 펼쳐 보기

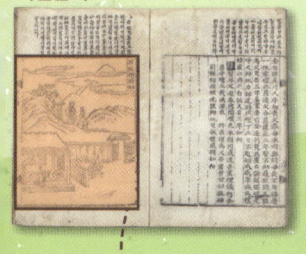
석진단지

석진단지
石珍斷指
돌 석 보배 진 끊을 단 손가락 지

석진이 손가락을 자르다

> 이 그림의 제목인 '석진단지'의 의미는 '석진이 손가락을 자르다.'라는 뜻이에요. 《삼강행실도》의 효자 편에 수록된 그림이지요. 여기서 석진은 유석진이라는 조선 초기의 벼슬아치로, 유명한 효자였어요. 그런데 제목이 놀랍지요? 손가락을 자르다니 도대체 무슨 일일까요?
>
> 유석진의 아버지는 몹쓸 병에 걸려서 매일 한 번씩 발작을 일으켰다고 해요. 발작을 일으키면 사람들이 차마 보지 못할 정도로 흉한 모습이 되었어요. 석진은 그런 아버지를 위해 밤낮으로 병수발을 들며 지극정성으로 아버지를 모셨어요. 하지만 때로는 힘이 들기도 하고, 아버지가 고통스러워 하는 모습에 괴로워 큰 소리로 하늘을 향해 울부짖기도 했지요. 그런 상황이 힘들었지만 석진은 다시 힘을 내서 사방팔방으로 의원을 찾아다녔어요. 구할 수 있는 약은 다 구해서 아버지에게 갖다 드렸지요.
>
> 그러던 어느 날, 한 사람이 유석진에게 산 사람의 뼈를 피에 섞어서 마시면 병이 낫는다는 이야기를 해 주었습니다. 그러자 유석진은 바로 자신의 왼손 약지를 잘라서 그 사람의 말대로 만들어 아버지에게 올렸습니다. 그러자 아버지의 병이 감쪽같이 나았다고 합니다. 정말로 사람의 뼈가 병에 효험이 있었던 걸까요? 그리고 정말 손가락을 잘라 아버지에게 드렸을까요? 이 이야기가 사실인지 알 수는 없지만 이 이야기에서 전달하고자 하는 뜻은 아마도 부모를 향한 자식의 지극한 정성이 아닐까요?

2장

그림이 그려진 옛날 책

찬우는 잠시 망설이다가 컴퓨터 게임방으로 갔다. 그리고 답답한 마음을 털어 버리기 위해 키보드를 마구 눌러 대며 게임을 했다. 할머니가 아픈 뒤부터는 언제 터질지 모르는 불안이 집 안에 숨어 있는 것 같았다. 할머니의 호통이 날아다니고 엄마가 슬퍼하고…….

"저기 찬우 있다."

낯익은 목소리에 돌아보니 같은 반 친구 귀남이와 귀남이의 사촌 인규가 서 있었다. 며칠 전에 집 앞 골목에서 만났는데, 인규네 학교는 벌써 방학을 했다고 했다. 그래서 귀남이네 집에 온 거란다. 둘은 찬우 옆자리로 왔다. 손에는 책이 담긴 봉투가 들려 있었다.

"서점 갔다 오냐?"

"필독서 사 오는 길이야. 너는 샀어?"

"아, 며칠 있으면 방학이지."

찬우는 방학 동안 필독서를 읽고 개학하면 독서 퀴즈 대회를 할 거라는 선생님 말이 기억났다.

"아직……."

대답을 하던 찬우는 마음이 또 답답해졌다. 할머니 일로 정신이 나간 듯이 지냈더니 필독서 사는 것도 잊고 있었다. 아니, 사야 할 책 제목도 기억나지 않았다.

"야, 잘 놓아야지."

인규의 말과 동시에 의자에 놓여 있던 책 봉투가 바닥에 떨어졌다. 찬우는 발밑으로 떨어진 책을 집어 들었다. 《삼강행실도》, 엄마가 말한 책이었다.

"이건 조선 시대 책을 우리가 읽을 수 있게 다시 쓴 건데, 원래 책에는 그림도 들어 있대. 이상한 책이야."

귀남이가 책을 받아 들며 말했다.

"야, 게임 방해하지 말고 저리 가."

찬우는 게임에 방해가 된다며 귀남이를 손짓으로 내쳤다. 그리고 얼마 동안 게임을 더 하다가 집으로 왔다.

"너, 혼 좀 나야겠어. 엄마가 도와 달라고 했는데 지금까지 놀다가 들어오면 어떡하니?"

엄마가 서운한 표정을 지었다.

"엄마! 할머니 얘기라면 그만하세요. 안 들을래요."

찬우는 귀를 막았다.

그 때 회사 일을 마친 아빠가 현관문을 열고 들어왔다.

"무슨 일이오?"

"아, 아무것도 아니에요."

엄마가 얼버무렸다. 하지만 아빠는 바로 집안 분위기를 파악했다.

"찬우야, 엄마가 할머니 때문에 고생하시잖아. 그러니 너도 도와 드려. 할머니를 편안하게 해 드리는 게 효도야."

아빠가 단호하게 말했다. 찬우는 그렇게 걱정되면 아빠가 도우라는 말을 하고 싶었지만 꾹 참았다. 문득 선생님이 효에 대해 말해 준 것 중에 늙고 병든 할아버지를 삼태기에 담아 산에 버리고 왔다는 이야기가 떠올랐다.

"아빠도 바쁘다는 이유로 잘해 드리지 못해서 마음이 편치 않아. 그래도 할머니가 편하게 지낼 수 있게 마음 쓰자."

아빠의 눈길이 부드러워졌다. 찬우는 할머니 때문에 힘들어 하는 엄마 생각에 아빠의 말이 귀에 잘 들어오지 않았다. 그저 이모 집으로 갈 수 있는 방학이 기다려질 뿐이었다.

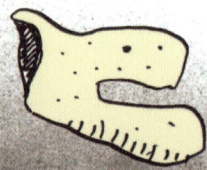

삼강행실도 펼쳐 보기

원각경부

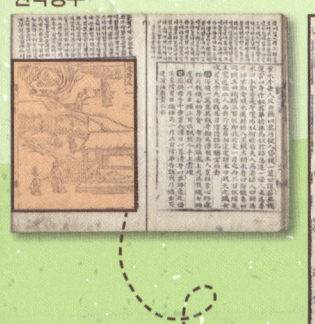

원 각 경 부
元 覺 警 父
으뜸 원 깨달을 각 깨우칠 경 아버지 부

원각이 아버지를 깨우치다

> 이 그림의 제목인 '원각경부'는 '원각이 아버지를 깨우치다.'라는 뜻이에요. 《삼강행실도》의 효자 편에 수록된 그림이지요. 아들이 아버지를 깨우치다니, 도대체 무슨 말일까요?
> 중국 한나라에 원각이라는 사람이 살고 있었어요. 원각에게는 원오라는 아버지가 있었는데, 성품과 행실이 좋지 않아서 사람들의 수군거림을 받는 사람이었지요. 원오는 늙고 병든 아버지를 모시는 것이 귀찮고 힘들다고 생각했습니다. 그래서 원각에게 할아버지를 삼태기에 싣고 가서 산 속에 버리고 오라고 시켰습니다. 아버지와 달리 올바른 생각을 가지고 있던 원각이었지만, 아들이기에 차마 아버지의 말을 거절할 수 없었습니다. 그래서 일단 아버지가 시킨 대로 할아버지를 삼태기에 앉히고 산으로 가서 할아버지를 내려놓고 왔지요. 그런데 원각은 굳이 할아버지를 앉혔던 삼태기를 그대로 가지고 왔어요. 원오는 삼태기를 보고 그 흉한 물건은 무엇에 쓰려고 다시 가져왔느냐고 원각을 나무랐어요. 그러자 원각이 이렇게 말했습니다.
> "이 삼태기는 남겨 두었다가 훗날 아버지가 늙고 병들면 그때 또 쓰려고 합니다."
> 그 말을 들은 원오는 깜짝 놀라며 부끄러워했고, 원각은 할아버지를 다시 모시고 왔습니다. 아버지가 아들을 통해 효를 깨우친 것이에요.
> 이처럼 아버지가 아들에게 효를 가르쳐 주는 것이 아니라 아들이 아버지를 깨우치게 했다는 것 또한 부모를 향한 효심에서 비롯된 것이랍니다.

3장

괴짜 할아버지

"방학이에요. 방학했어요!"

찬우는 현관문을 열고 들어서며 큰 소리로 말했다.

"어서 와라. 그렇게 좋냐?"

할머니 병원 가는 날이라 하루 휴가를 낸 아빠가 반겨 주었다.

"그럼요, 이모 집에 갈 수 있잖아요."

찬우는 이모네 동네에 사는 괴짜 할아버지를 만날 수 있어 좋다고 덧붙이려다 말았다. 기분 좋은 티를 너무 내는 것 같았기 때문이다.

괴짜 할아버지는 과학자였는데 무슨 약품을 잘못 만져 정신이 이상해졌다고 했다. 동네 사람들은 할아버지가 과거로 가는 기계를 연구한다거나 미래로 가는 타임머신을 만들고 있다는 등의 이야기를 할 때마다 황당하다며 들으려고 하지 않았다. 하지만 찬우는 할아버지의 이야기가 흥미로웠다. 정말 그런 기계가 발명되면 첫 번째로 이용하고 싶었다. 실제로 할아버지는 여러 가지 물건을 만들었는데, 찬우는 그 물건들을 구경하는 게 즐거웠다. 그래서 이모네 집에 갈 때면 할아버지에게 달려가곤 했다.

"엄마, 아빠. 저 가방 쌀게요."

찬우는 이모네 집에 가지 말고 집에서 엄마를 도우라고 할까 봐 서둘러 가방을 챙겼다.

"저렇게 좋을까?"

엄마가 빙긋 웃으며 말했다.

"마냥 놀지 말고 방학 숙제도 해야 한다."

"네, 아빠!"

"방학 동안 읽어야 할 책도 챙겼니?"

아빠가 찬우 가방을 살펴보다가 책 한 권을 꺼내 들었다.

"《삼강행실도》, 이 책은 꼭 읽어라. 아빠도 확인해야겠다."

"왜요?"

찬우는 아빠에게서 책을 받아 들며 물었다.

"이건 조선 시대 세종 대왕 때, 백성을 교육시키려고 만든 책이야. 효자, 충신, 열녀에 대한 이야기를 모아 놓은 거야. 세상이 많이 변했다 해도 효에 대해서 생각할 부분이 있으니 꼭 읽어라."

아빠가 재차 강조했다.

"알았어요."

찬우는 책을 가방 깊숙이 넣었다. 그리고 이모 집으로 출발했다. 여느 때 같으면 엄마가 데려다 주었는데 이번에는 그럴 수가 없었다. 대신 아빠가 고속버스 터미널까지 데려다 주면 혼자 버스를 타고 가기로 했다. 할머니 때문에 어쩔 수 없었다. 이모가 고속버스 도착 시간에 맞춰 터미널에 나와 있기로 했다.

'효에 대해 생각할 부분이 많다고? 정말 짜증 나.'

찬우는 입을 댓 발이나 빼물었다.

"기름 넣고 가야겠다."

아빠가 주유소로 차를 몰았다.

"잠시 화장실 갔다 올게."

아빠는 주유소에서 일하는 형에게 기름을 넣어 달라고 하고 차에서 내렸다.

"안녕?"

옆에서 기름을 넣고 있는 승용차의 차창이 열리더니 누군가 말을 건넸다. 귀남이었다.

"응, 너희도 기름 넣으려고 왔니?"

"기름도 넣고 멀미약도 사고."

"어디 가는데?"

"강릉 따라길 캠프 가는 중이야."

"거기 가면 뭐해?"

"몰라, 가 봐야 알아."

귀남이가 시큰둥하게 대답했다.

'좋겠다. 우리 집은 캠프 갈 분위기가 아닌데……. 그래도 이모 댁에 가면 괴짜 할아버지를 만날 수 있으니까 괜찮아.'

찬우는 그렇게 위안을 했다.

"자, 가 볼까?"

차로 돌아온 아빠가 다시 운전을 했다. 그리고 얼마 안 가서 고속버스 터미널에 도착했다.

"잘 갔다 와. 거듭 말하지만 너무 놀지 말고 방학 숙제도 알아서 하고. 참,《삼강행실도》라는 책은 꼭 읽어야 한다."

아빠는 고속버스를 타는 찬우에게 당부했다.

"아,《삼강행실도》! 으이구, 세종 대왕은 왜《삼강행실도》를 만들어서 날 힘들게 하는지 몰라. 내가 왜 조선 시대에 만든 책을 읽어야 하냐고."

찬우는 달리는 고속버스 안에서 아빠가 필독서 중에 콕 찍어 권해 준《삼강행실도》가 마음에 걸려 세종 대왕까지 원망해 보았다. 그렇게 얼마를 달려 공주에 도착했다.

"이모!"

"이제 다 컸네. 혼자서 고속버스를 타고 오고."

이모가 찬우를 반갑게 맞아 주었다.

"그럼요, 헤헤! 5학년인데요."

찬우가 어깨를 으쓱해 보였다.

"벌써 그렇게 되었네. 그나저나 할머니가 편찮으셔서 어떡하니? 어서 좋아지셔야 할 텐데."

이모도 들었는지 걱정에 잠겼다.

"치매라는 병은 이상해요. 어려지는 병인 것 같아요."

"그러니 얼마나 힘들까?"

이모가 찬우 손을 잡고 집으로 향했다. 찬우는 옥룡동을 지나다가 발길을 멈추었다. 효자 이복 정려비라는 비석이 눈에 들어왔기 때문이었다.

"짜증 나. 이모, 여기서는 효자에 대한 비석까지 세웠네요?"

찬우는 절로 한숨을 내쉬었다.

"왜 그렇게 민감하게 반응하니? 효자 이야기가 뭐 어때서? 효는 말이야, 어른들의 마음을……"

"아휴, 이모! 효, 효 하려면 빨리 가요."

찬우가 이모 등을 밀었다.

"알았어. 얘가 왜 이래?"

이모가 앞서 갔다. 찬우가 막 이모를 따라 정려비 앞을 지나려는데, 정려비 안내글이 눈에 들어왔다. 고려 때 이복은 일찍이 아버지를 여의고 홀어머니를 모셨는데, 깊은 효심으로 홀어머니를 지극히 봉양하여 나라에서 정려비를 세워 주었다고 했다.

"이복도 꽤나 고생했겠다. 아마

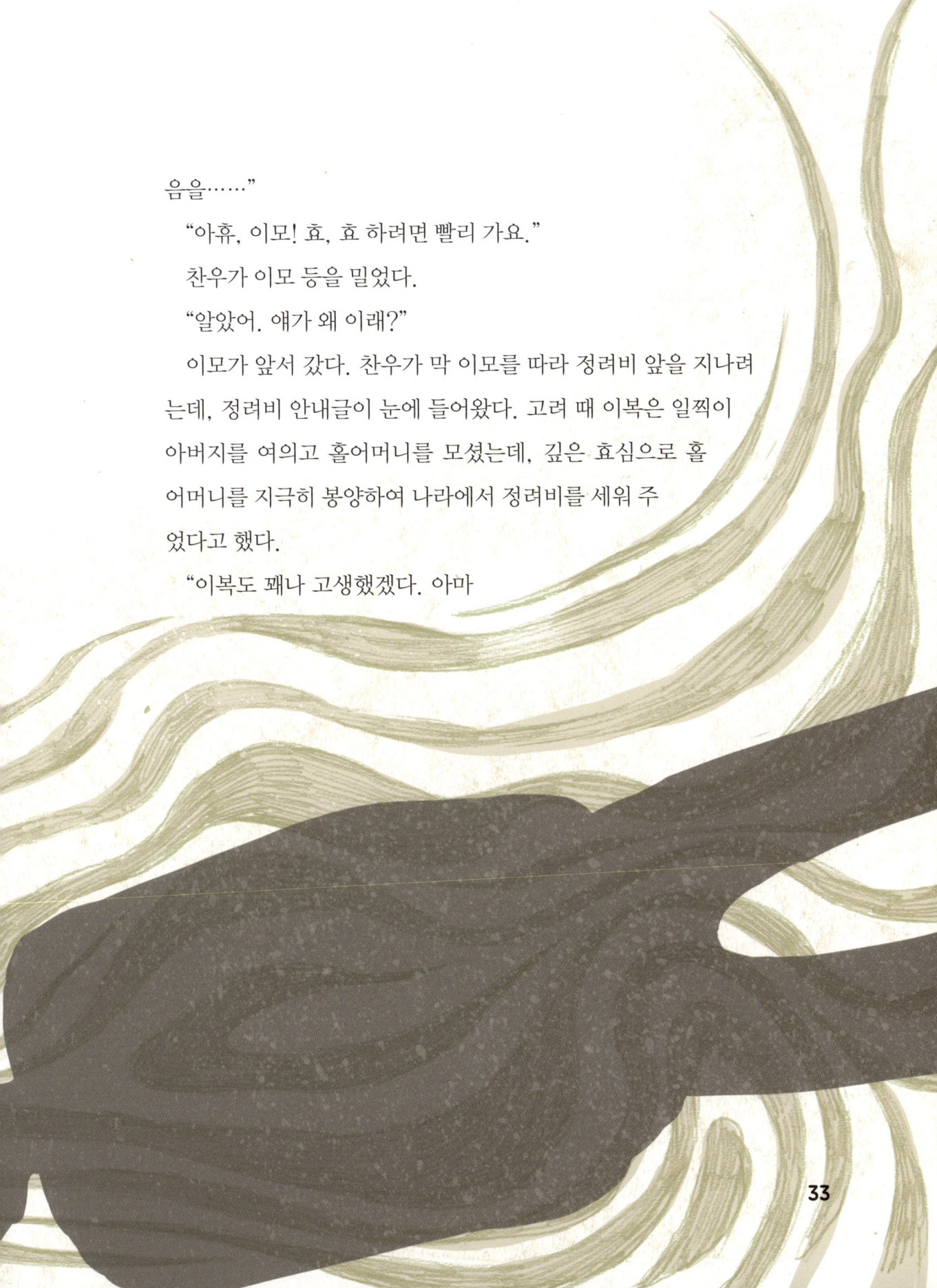

많이 울었을 거야. 왜 아프셔서 가족을 고생시키는지 몰라. 늙어도 건강하게 살다가 가시면 좀 좋아."

찬우는 치매에 걸려 엄마를 고생시키는 할머니가 생각나서 툴툴거렸다.

그 때 뒤에서 그림자가 스윽 나타났다.

"누, 누구……?"

찬우는 뒷걸음질을 쳤다. 그림자는 점점 선명해지더니, 이내 그림자의 주인이 모습을 드러냈다. 괴짜 할아버지였다. 팔목에 찬 시계에서는 레이저 빛이 나고 있었다.

"하, 할아버지! 안녕하세요?"

찬우는 놀랍고 반가운 나머지 말을 더듬었다. 할아버지는 어찌된 일인지 인사를 받지 않고 반기지도 않았다.

"할아버지, 제가 왔는데 반갑지 않으세요? 전 할아버지가 보고 싶었는데."

"괘씸한지고. 늙으면 가야 한다고?"

"제가 언제 그랬어요? 늙어서 건강하게 지내다가……."

"변명은 필요 없다."

할아버지 얼굴에 서운함이 가득했다.

"제 말 좀 들어 보세요. 엄마가 할머니 때문에 무척 고생하고 계시거든요. 엄마는 할머니를 잘 보살펴 드려야 한다는데, 전 엄마가 힘들어 하시는 게 싫어요. 그래서 방학하자마자 이모 집으로 온 거예

효자 이복 정려비에 얽힌 이야기

　찬우가 본 '효자 이복 정려비'는 공주시 옥룡동에 위치해 있어요. 효자 이복에 대해 정문을 세워 표창하는 비라는 뜻이지요. 효자 이복은 《신증동국여지승람》에 효자로 기록된 고려 시대 사람이에요. 일찍이 아버지를 여의고 홀어머니를 모셨는데, 홀어머니를 지극히 모신 효행이 알려져 이복의 효행을 기리는 정려비를 세웠다고 합니다. 이와 관련된 이야기는 다음과 같아요.

　옛날 공주 옥룡동에는 비선거리라는 마을이 있었어요. 고려 때, 이 비선거리에 어려서 아버지를 여의고 살아가는 소년 이복이 있었는데, 불행하게도 어머니는 앞을 보지 못했어요. 그래서 어려서부터 남의 집에 가서 일을 하고 그 품삯으로 음식을 얻어 눈 먼 어미를 봉양했지요.

　어느 겨울에 어머니가 병이 들었습니다. 이복은 백방으로 약을 구해 지극정성으로 써 보았으나 병세에 차도가 없어 걱정이 이만저만이 아니었지요. 이런 이야기를 들은 동네 사람들도 이복을 도우려 애를 썼어요. 그러던 어느 날, 지나가던 스님이 어머니의 병에는 잉어 피가 효험이 있다는 얘기를 해 주었습니다. 엄동설한에 이복은 잉어 피를 구하러 금강으로 나갔으나, 모두 얼음으로 뒤덮여 있었지요. 이에 이복은 천지신명께 잉어를 잡을 수 있게 제를 올리고 나서 빙판을 깨고 낚시를 드리우니, 신기하게도 큰 잉어가 잡혔어요. 잡은 잉어를 어머니께 정성껏 고아 드리자 어머니의 병이 씻은 듯이 나았습니다. 동네 사람들 또한 모두 기뻐했지요. 이러한 이복의 이야기가 입에서 입으로 전해져 많은 사람의 추앙을 받게 되었고 이를 기려 '효자이복정려비'를 세웠답니다.

효자 이복 정려비각

요. 아빠는 제 마음도 모르고 《삼강행실도》를 읽어 보라고만 하시고…….”

"《삼강행실도》라. 효에 대한 이야기가 실려 있어서 읽어 보라고 한 거로군. 한겨울에 죽순을 먹고 싶다는 병든 어머니를 모신 효자 이야기도 있지.”

"한겨울에 죽순을요?”

"그래, 아들은 어머니의 청을 들어 드리기 위해 죽순을 구하려고 했지만 한겨울이라 구할 길이 없었지. 그래서 꽁꽁 언 대나무 밭에서 슬피 울었다더라. 그랬더니 언 땅에서 죽순이 솟아 나와서 어머니께 드렸다는구먼.”

할아버지는 그 책의 내용을 꿰고 있는 듯했다.

"엥, 할아버지. 그게 말이 돼요?”

"그만큼 아들의 효심이 하늘을 감동시킨 게지. 아빠가 읽어 보라고 한 건 다 그만한 이유가 있기 때문이야.”

"먹을 거를 구하는 건 잠깐만 신경 쓰면 되잖아요. 엄마에게 할머니를 보살피는 일은 시도 때도 없는 고문이라고요.”

"할머니를 보살펴 드리느라 어머니가 고생이 많으시겠구나.”

"할아버지! 그런 게 효도라면, 전 효라는 말조차 듣기 싫어요. 아빠는 《삼강행실도》 책을 읽으라고 하고. 아휴, 왜 효에 대한 책을 만들어서 귀찮게 하는자 모르겠어요. 조선 시대로 갈 수 있다면 《삼강행실도》를 만들지 못하게 하고 싶어요."

그 때, 할아버지의 손목에서 시계가 불빛을 반짝이며 찬우의 눈길을 끌었다.

"참, 할아버지! 타임머신 같은 거 만들어 보세요. 쑤웅, 과거로 날아가 보게요."

"과거? 가면 되지."

"간다고요? 어떻게요?"

찬우는 역시 괴짜 할아버지라는 생각이 들면서 할아버지의 이야기가 궁금했다.

"쉿! 이건 내가 만든 과거로 가는 시계야. 꼭 한번 사용해 보고 싶었는데 잘됐다."

"에이. 그렇다고 바로 공상 과학으로 가면 어떡해요?"

찬우가 콧방귀를 뀌었다.

"이건 정말 대단한 발명이라고. 자, 가운데 버튼을 눌러 봐라."

"그냥 불빛이 나는 시계잖아요."

"그렇게 간단한 시계가 아니야. 원격 조정이 가능한 시계라고."

할아버지의 목소리에 자랑스러움이 담겨 있었다.

"좋아요, 누르는 거야 어렵지 않죠. 조선 시대 세종 대왕 때로 간다면 《삼강행실도》를 만들지 못하도록 꼭 훼방 놓을 거예요."

찬우는 시계의 버튼을 꾹 눌렀다.

"아무런 변화가 없잖아요. 발이 땅을 꾹 밟고 있는데 무슨 과거로 간다고 그래요? 저 갈래요."

찬우는 어서 오라고 손짓하는 이모에게 뛰어갔다.

"흠, 과거로 가는 시간 여행 에너지는 전달되었는데, 열이 부족하군. 열이 필요한데, 하필 날이 흐려서……."

할아버지가 혼잣말을 했다.

찬우는 이모 집에 도착하자마자 찬물을 마셨다.

"비가 오려는지 날이 습하네. 어서 씻어라."

이모가 찬우 이마에 맺힌 땀을 보며 말했다.

"네, 알았어요."

찬우는 샤워를 했다. 그리고 몸의 물기를 닦은 뒤 헤어드라이어를 켰다. 헤어드라이어의 열기가 느껴지는 순간, 찬우의 손목에 할아버지의 시계와 같은 모양의 레이저 빛이 비쳤다.

"어, 어?"

찬우의 몸이 공중으로 붕 떠올랐다. 그리고 회오리바람에 휩싸이듯 뭔가에 빨려 들어갔다.

삼강행실도 펼쳐 보기

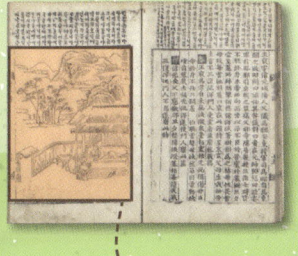
맹종읍죽

맹종읍죽
孟宗泣竹
맏 맹 마루 종 울 읍 대나무 죽

맹종이 대나무밭에서 울다

이 그림의 제목인 '맹종읍죽'은 '맹종이 대나무 밭에서 울다.'라는 뜻이에요. 《삼강행실도》의 효자 편에 수록된 그림이지요. 그런데 맹종은 왜 대나무 밭에서 울었을까요?

맹종은 중국 삼국 시대 오나라 사람이었어요. 맹종의 아버지는 맹종이 어릴 적에 돌아가셔서 어머니 손에서 자랐어요. 세월이 흘러 나이가 든 어머니는 병이 나고 말았지요. 어려서부터 효성이 깊었던 맹종은 병든 어머니를 지극정성으로 돌보았습니다.

그러던 어느 한겨울 날, 맹종의 어머니는 죽순이 먹고 싶다고 했어요. 그 말을 듣자마자 맹종은 대나무 밭으로 달려갔습니다. 하지만 한겨울에 죽순이 있을 리가 없겠지요? 맹종은 눈 쌓인 대나무 밭에서 어머니를 생각하며 엉엉 울었어요. 맹종의 눈에서는 굵은 눈물이 뚝뚝 떨어졌지요. 그런데 떨어진 눈물에 눈이 녹아 대나무 순이 돋아나는 게 아니겠어요! 맹종은 돋아난 죽순을 가지고 가 정성껏 끓여 어머니에게 드렸어요. 죽순을 먹자 어머니는 병이 씻은 듯이 나았다고 합니다. 이를 두고 사람들은 맹종의 지극한 효성에 하늘도 감복하여 맹종을 도운 것이라고 했습니다. 병든 어머니에게 무엇이든 해 드리고 싶은 자식의 마음이 고스란히 느껴지는 이야기입니다.

4장

삼강의 윤리를 담아라!

"어, 어……?"

찬우는 아찔해서 눈을 감았다.

"이 녀석아, 눈 떠도 돼. 저승문이 닫히기 전에 너랑 과거 여행을 해야겠다."

할아버지의 목소리였다.

"저승문이라니 무슨 말이에요? 할아버지, 여기는……."

찬우는 주위를 두리번거렸다.

"네가 오고 싶어 하던 곳이잖아."

"그럼 조, 조선 시대?"

찬우는 놀라서 눈이 왕방울만 해졌다. 그 때 어디선가 위엄 있는 목소리가 들렸다.

"뭐라고? 사실대로 소상히 말해 봐."

찬우가 찬찬히 살펴보니 그곳은 임금이 있는 궁궐이었다.

"할아버지!"

"쉿, 너는 투명 감투를 썼다고 생각하면 돼."

"네?"

"다른 사람들은 널 볼 수 없단다. 타임머신 시계의 성능이지. 미래에 사는 사람이 과거로 가서 질서를 어지럽히면 안 되잖아."

"아하! 그런데 왜 여기로 온 거예요?"

"네가 《삼강행실도》 타령을 해서 왔지."

찬우는 할아버지의 손목에서 빛을 내고 있는 시계에 눈길이 갔다.

"할아버지는 정말 대단한 분이세요."

"그걸 이제 알았냐? 난 평생 과학자라는 게 자랑스러웠지. 잘 나갈 때는 장영실상도 받았는걸."

할아버지가 어깨를 추어올렸다.

"참, 이곳이 조선 시대라면 장영실도 만날 수 있겠네요."

"나도 장영실을 꼭 만나고 싶었다. 그래서 네가 《삼강행실도》 얘기를 할 때 오기로 결심했지. 저승문이 닫히기 전엔 가 봐야 하지만……."

할아버지의 얼굴에 웃음이 번졌다.

"할아버지, 저승문 소리는 안 하면 안 돼요? 도무지 알 수 없는 말만 하고 그러세요?"

찬우는 드라마에 나오는 저승사자가 떠올라 몸이 오싹했다.

"녀석도 참."

할아버지는 뭔가 더 말하려고 하다가 그만두었다.

"어서 상세히 고하시오. 도대체 무슨 일이 벌어진 것이오?"

임금이 재차 목소리를 높였다.

"네, 마마! 진주에 사는 김화라는 자가 아비를 죽였다고 하옵니다."

신하가 허리를 굽히며 아뢰었다.

"허허, 어이하여 그런 일이 벌어졌단 말이오? 자식이 부모를 우러러 봉양하지 않으면 짐승과 무슨 차이가 있소?"

임금이 안타까운 표정으로 잠시 허공을 바라보았다.

"군위신강*, 부위자강*, 부위부강*이거늘……. 애통하도다."

임금이 탄식을 했다.

"신도 삼강*의 예가 무너지는 것이 당혹스럽사옵니다. 곧고 어질고 결백한 사람을 보면 흔연히 사모하고 존경하는 마음이 생기고, 구차하고 추한 사람을 보면 멀리 하려는 마음이 생기는 것은 인심이 같고 천리가 어둡지 않은 까닭이라 생각하옵니다. 그러므로 이번 일은 죄를 엄중하게 물어 처벌함이 옳다고 사료되옵니다."

"그렇사옵니다. 이런 일이 다시는 일어나지 않게 엄중하게 벌해야 하옵니다."

신하들이 간청을 했다.

"자신은 명아주와 콩잎을 먹어도 어버이를 위해서는 백 리 밖에서

도 쌀을 져다 날랐다는 효자 이야기도 있는데……. 어허, 내 덕이 부족한 소치로다!"

"마마, 심기를 불편하게 해 드려서 송구스럽사옵니다."

신하들이 더욱 머리를 조아렸다.

"안 되겠소. 대책을 논하고자 하니, 집현전 부제학 설순을 당장 들라고 하시오."

"네, 마마!"

한 신하가 임금 앞에 허리를 굽혀 예를 갖춘 다음에 물러났다.

"할아버지, 아들이 아버지를 죽이는 일이 벌어졌대요."

찬우가 속삭였다.

"예기치 않은 사건이 발생했나 보다. 그나저나 저 분이 누군지 알겠느냐?"

"조선 시대 임금님이잖아요."

"그 유명한 세종 대왕님이란다."

"네? 정말요? 세종 대왕님을 진짜 뵙게 되다니 꿈만 같아요."

찬우는 입을 다물 줄 몰랐다.

자로부미

삼강행실도
펼쳐 보기

자 로 부 미
子 路 負 米
아들자 길로 질부 쌀미

자로가 쌀을 지다

이 그림의 제목인 '자로부미'는 '자로가 쌀을 지다.'라는 뜻이에요. 《삼강행실도》의 효자 편에 수록된 그림이지요. 자로는 누구이고, 왜 쌀을 졌을까요?

자로는 중국 춘추 전국 시대 노나라 사람으로, 우리가 잘 알고 있는 공자의 제자예요. 자로의 집은 무척이나 가난해서 명아주와 콩잎으로 끼니를 때워야만 했어요. 하지만 효심이 깊었던 자로는 쌀을 등에 지고 백 리 밖까지 옮겨준 뒤 받은 삯으로 늙은 부모에게 쌀밥을 지어 올리곤 했습니다. 부모가 세상을 떠나고, 고위 관리가 된 자로는 명을 받아 초나라로 갔습니다. 자로가 초나라로 가는 길에는 어마어마하게 많은 수레와 말, 곡식이 함께 따라갔어요. 잘 차려진 자리에서 풍성한 연회 음식을 먹으면서도 자로는 늘 돌아가신 부모를 그리워하며 이렇게 탄식했다고 합니다.

"내가 명아주나 콩잎을 먹는 한이 있더라도 부모님을 위해 쌀이라도 등에 지고 싶지만 이제 어디에서 다시 그럴 수 있겠는가?"

그 말을 들은 공자는 자로에게 부모가 살아 있을 때는 최선을 다해 돌보았고, 부모가 돌아가신 뒤에는 늘 그리워한다며 자로의 효심을 칭찬했다고 합니다.

자로의 이야기처럼 어떠한 상황에서도 부모를 걱정하고 그리워하는 마음은 예나 지금이나 효도의 가장 기본이 되는 마음가짐이랍니다.

5장

글자를 모르는 백성들을 위해

"전하, 설순 아룁니다."

잠시 뒤에 설순이 임금 앞에 머리를 조아렸다.

"어서 오시오. 백성들이 보고 배울 수 있는 서책을 만들어 널리 보급하려고 하오."

"네, 전하! 소인 분부대로 하겠나이다."

"삼강의 윤리를 궁 안의 관리들부터 저잣거리의 아이들까지 모든 백성이 깨우칠 수 있도록 서책을 간행하도록 하시오!"

"네, 전하!"

"글자를 모르는 백성들도 알 수 있도록 내용을 그림으로 담는 게 어떻겠소?"

"지당하신 말씀이옵나이다."

설순이 임금의 명을 받고 물러났다.

　찬우는 할아버지에게 어서 따라가자고 눈짓을 했다. 설순이 간 곳은 집현전이었다.

　"아들이 아비를 죽이는 파렴치한 일이 벌어지고 있으니, 정말 걱정이오. 그래서 상감께서 서책을 만들라는 분부를 내리셨소."

　설순이 집현전 학자들에게 말했다.

　"판부사 변계량 대감은 그 사건 때문에 권보의《효행록》을 널리 반포하도록 권하지 않았소?"

　"그렇소. 거기다 상감께서는 삼국과 고려 때까지 올라가서 효를 행한 자를 추려서《효행록》을 개찬*하라고 하셨소이다."

*개찬 : 책을 고쳐서 다시 지음.

"자식의 도리를 벗어나는 행동에 상감께서 많이 놀라신 듯하오. 그래서 《효행록》 개찬에 이어 삼강을 강조한 서책을 만들라는 어명을 내리셨소."

설순이 덧붙였다.

"그럼 시작해 볼까요?"

집현전 학자들이 《효행록》 등 서책을 만드는 데 참고할 여러 권의 책을 가져다 책상에 놓았다.

"상감께서 특별히 글자를 모르는 백성들을 위해 그림을 그려 내용을 알게 하라는 어명을 내리셨소."

"역시 백성들을 사랑하는 어진 군주이시옵니다."

함께 있던 정인지가 말했다.

"그림으로 내용을 나타낸다면 그림 도(圖) 자를 넣어서 《삼강행실도》가 되겠군요."

설순이 흡족해 했다. 집현전 학자들은 설순과 함께 어명에 맞는 서책을 만들기 위해 효자, 충신, 열녀에 대한 이야기를 모아 놓고 어떤 내용을 실을지 선별하기 시작했다.

"할아버지! 이렇게 《삼강행실도》가 만들어진 거군요."

"그래, 《삼강행실도》를 읽기 싫으면 여기서 직접 보면 되겠다. 아니지, 못 만들게 훼방을 놓겠다고 했던가?"

"존경하는 세종 대왕님의 뜻이니 좀 지켜볼래요. 훼방 놓는 건 나중에 해도 되잖아요."

찬우는 《삼강행실도》가 어떻게 만들어지는지 보고 싶었다. 한편으론 할머니를 모시느라 고생하는 엄마 생각에 마음이 무거웠다.

"어떻게 훼방을 놓을 건데?"

"우리는 저 사람들에게 안 보인다면서요? 그러니 자료들을 몰래 숨기면 되죠."

찬우가 어깨를 으쓱해 보였다.

"생각하는 거 하고는……."

할아버지가 바람 빠지듯이 말했다.

"대감! 먼저 효자, 충신, 열녀의 사례를 뽑읍시다."

"그럽시다."

"네, 그러는 게 좋겠소이다."

"대감! 효를 행한 인물로는 신라의 지은, 백제의 향덕이 있소이다."

"더 있을 테니 찾아보시오."

"고려를 거쳐 지금까지 살펴보니 22개의 사례가 있소이다."

"중국 주나라, 한나라, 명나라 사람들도 찾아봅시다. 각각 35편씩 뽑도록 하지요."

학자들은 백성들에게 도움이 될 만한 내용을 선별하기 위해 한참 동안 의견을 나누었다.

"다음으로 충신과 열녀도 찾아봅시다."

그렇게 말하고 학자들은 여러 서책을 뒤적이며 자료를 모았다.

"자료를 거의 모은 듯하니 도화원에 가서 그림을 부탁해야겠소."

"그게 좋겠소."

설순은 학자들과 도화원으로 갔다. 찬우도 할아버지와 함께 조심스럽게 뒤를 따라갔다.

"대감! 어인 일이오?"

안견이 예를 갖추며 설순을 반겼다. 최경, 안귀생도 인사를 하고 자리를 함께했다.

"이번에 상감 마마의 명으로 서책을 만들려고 하오. 도화원의 도움을 받아야 해서 왔소이다."

"네, 도울 일이 있으면 기꺼이 도와야지요."

"효자, 충신, 열녀에 대한 이야기를 모아 서책을 내려고 하오. 그 이야기들을 그림으로 그려 주어야겠소."

"이야기를 그림으로요?"

"그렇소. 글자를 모르는 백성이 그림만 보아도 내용을 알 수 있게 하기 위해서지요."

"알겠소이다."

안견은 흔쾌히 응했다. 그러자 설순은 모아 온 이야기들에 대해 설명하기 시작했다.

"이건 민손 이야기라오."

"민손이라면, 공자의 제자인 그 민손 말이오?"

옆에 있던 최경이 물었다.

"민손의 새어머니는 자신의 아들에게만 솜옷을 해 주고 의붓아들인 민손은 한겨울에도 홑옷을 입혔다는구려."

설순은 최경을 비롯한 화원들이 그림으로 잘 표현할 수 있기를 바라며 자세히 설명해 주었다.

"심보가 고약하군요."

"그걸 안 아버지가 새어머니를 쫓아내려고 하자, 민손이 말려서 새어머니가 반성하게 되었다는 얘기요. 자신이 편하자고 의붓동생들이 엄마 없이 크게 할 수는 없다고 생각한 것이지요. 그 뒤 새어머니는 의붓아들 민손을 친자식처럼 아꼈고, 민손은 부모님께 효도하며 화목하게 잘 살았다고 하오."

"민손의 효성스런 행동이 백성들에게 귀감이 되겠소이다."

안귀생이 고개를 끄덕였다.

삼강행실도 펼쳐 보기

민손단의

민손단의
閔損單衣
성씨 민 덜 손 홑 단 옷 의

민손이 홑옷을 입다

이 그림의 제목인 '민손단의'는 '민손이 홑옷을 입다.'라는 뜻이에요. 《삼강행실도》의 효자 편에 수록된 그림이지요.

민손은 중국 춘추 전국 시대 노나라 사람으로, 공자가 가장 아꼈던 제자 중 한 명이었습니다. 민손은 총명한 데다가 성품도 어질어 많은 이들이 칭찬을 했습니다. 하지만 어린 시절, 어머니가 일찍 세상을 떠나고, 아버지가 다시 장가를 들면서 새어머니의 손에 자랐어요. 그런데 새어머니는 민손을 탐탁치 않아 했지요. 자신이 낳은 두 아이만 끔찍히 보살피고 민손은 차별했어요. 겨울에 민손에게는 솜 대신 갈대를 넣은 홑바지를 입혔고, 두 동생에게는 따뜻한 솜옷을 입혔지요.

어느 추운 겨울 날, 아버지는 이웃 마을에 가며 민손에게 수레를 몰도록 했습니다. 그런데 민손이 너무 추운 나머지 수레의 고삐를 놓치고 말았어요. 아버지가 민손을 살펴보니 민손은 갈대를 넣은 홑옷을 입고 있었지요. 이를 보고 아버지는 화가 나서 새어머니를 내쫓으려고 했습니다. 그러자 민손이 아버지를 말리며 이렇게 말했어요.

"새어머니가 함께 살면 저만 추우면 되지만, 새어머니가 안 계시면 아버지는 물론이고 두 동생까지 모두 홑옷을 입고 추위에 떨어야 합니다."

민손의 말을 들은 아버지는 새어머니를 내쫓으려던 생각을 거두었고, 새어머니 또한 민손의 마음 씀씀이에 감동하여 자신의 잘못을 뉘우치고 민손을 사랑하고 아꼈다고 해요. 깊은 효심과 올곧은 마음을 가졌던 민손이었기에 더 큰 마음으로 돌려받은 게 아니었을까요?

6장

떠돌이 아이

"허허, 부모의 무덤 앞에서 사흘이나 곡을 한 일도 있소이다."

안견이 자료를 보며 말했다.

"김자강 이야기군요."

설순이 응대를 했다.

"그렇소. 부모의 무덤 앞에서 3년상을 치르고 나서 또다시 3년상을 치르려 하자, 친척들이 이를 말리니 무덤 앞에서 사흘 동안 구슬피 울었다는구려."

안견은 내용을 살피며 마음이 짠해졌다.

"부모를 향한 마음이 참으로 절절하기 그지없소."

"그 모습을 보면 누군들 가슴이 아프지 않겠소. 친척들도 김자강의 효심에 감동받아 불태워 없앴던 여막을 다시 지어 주었으니 말이오."

안견은 김자강 이야기를 그림으로 어떻게 그릴지 머릿속으로 구상

하며 생각에 잠겼다.

그 때 이야기를 듣던 한 화원 나리가 갈아 놓은 먹물을 엎었다.

"이크! 왜 그러시오?"

"송구하옵니다. 얘기에 집중하다 보니 실수를 했소이다."

화원이 허리를 굽혀 사죄를 했다.

"꼼꼼한 박 화원이 실수하시니 이상하외다."

안견이 의외라는 표정을 지었다. 가까이서 그림을 그리던 화공이 재빨리 먹물을 닦았다.

"심부름 아이를 한 명 들이는 게 좋겠소."

설순이 바쁜 화공들을 둘러보며 말했다.

"그러면 좋겠지만 마음뿐이지요."

안견이 말을 받았다.

잠시 술렁이던 분위기가 차분해지자, 곽거 이야기에 대한 구도를 어떻게 잡을지 의견을 나누기 시작했다.

"할아버지, 아무리 효심이 지극해도 6년 동안이나 아무 일도 안 하고 무덤을 지키다니 이해가 안 돼요."

찬우가 할아버지에게 손사래를 치며 말했다.

"아이코! 이런……."

할아버지가 갑자기 탄식을 했다. 순간 할아버지의 모습이 안개에 휩싸이듯 희미해졌다.

"할아버지! 무슨 일이에요?"

"서둘러 이 곳을 떠나야 겠다."
"왜요?"
"시계가 작동을 멈췄어."
"왜 그러는 건데요?"
"누군가 원거리 작동이 안 되게 만진 것 같다. 이를 어쩌나? 곧 투명 감투의 기능이 사라질 게다."

찬우는 허둥지둥 할아버지와 궁궐에서 벗어났다. 할아버지는 찬우를 한가한 골목의 담벼락에 붙어 서게 했다. 그러고는 찬우의 얼굴과 옷에 흙을 발라 얼룩지게 했다.

"에퉤퉤, 할아버지! 뭐하시는 거예요?"

"이해해라. 이래야 사람들 눈에 잘 띄지 않을 거다. 넌 이제부터 떠돌이 아이 행세를 해라."

"그게 무슨 말이에요?"

"떠돌이 아이로 보이면 그런 대로 지낼 방법이 있을 게야."

"그럼 제가 거지란 말이에요? 우리 돌아가요, 네?"

찬우가 울상을 지었다.

"그게 쉬운 일이 아니라서 말이야."

"왜요?"

"말했잖아. 시계가 고장 났다고. 이제 어쩐담? 저승문이 닫히기 전에 가 봐야 하는데……."

"할아버지, 그건 무슨 말이에요?"

"그럴 여유가 된다고 생각했는데 시계가 고장이 나서 말이야. 이걸 어쩌지?"

"할아버지, 잘 생각해 보세요. 방법을 잘 생각해 보시라고요."

"장영실을 만나고 싶어서 왔는데, 시간 여행을 할 수 없으니 이걸 어쩌……."

할아버지가 말끝을 흐렸다.

"맞아요! 장영실을 만나면 도움을 받을 수 있을지도 몰라요."

찬우는 점점 희미해지는 할아버지를 잡으려고 손을 내밀었지만 잡히지 않았다. 그러다 어느 순간 할아버지가 눈앞에서 완전히 사라졌다.

"할아버지, 어디 계세요? 할아버지!"

주위를 아무리 둘러봐도 할아버지는

보이지 않았다.

"할아버지, 전 어떡하라고 혼자 가신 거예요? 할아버지!"

찬우는 당황스러워서 어쩔 줄을 몰랐다. 담벼락에 주저앉아 할아버지를 기다리는 수밖에 없었다. 찬우는 사람들이 지나가면 모습을 드러내지 않으려고 몸을 웅크렸다. 그러다 발이 저리면 일어났다가 다시 쪼그리고 앉기를 반복했다. 찬우의 배에서 꼬르륵 소리가 나도 할아버지는 나타나지 않았다.

'장영실을 만나러 가신 거겠지. 여기서 기다리고 있으면 다시 돌아오실 거야.'

찬우는 그렇게 생각하기로 했다.

'아, 배고파.'

찬우는 꼼짝 않고 할아버지를 기다리려 했지만 배가 너무 고팠다. 그래서 먹을 것을 구해 볼 요량으로 조심스럽게 발길을 옮겼다. 얼마

를 가다 보니 장터가 나왔다. 주막집 앞에 걸린 가마솥에서 김이 모락모락 나고 있었다. 배 속에서 먹을 걸 달라고 아우성을 쳐 댔다. 찬우는 입맛만 다시다 그 앞을 지나갔다. 인절미 떡집 앞에서는 군침이 꿀꺽 넘어갔다. 딱 한 입만 베어 물어도 원이 없을 것 같았다.

"이 녀석! 뭐하는 게냐?"

찬우는 아주머니 고함소리에 화들짝 놀랐다. 어느새 자신의 손에 인절미가 들려 있었던 것이다.

"어린 놈이 도둑질을 하다니!"

아주머니가 불같이 화를 내며 다가왔다. 찬우는 급한 마음에 도망을 쳤다.

"게 서라. 요즘 부쩍 손을 타서 벼르고 있었는데, 잘됐다. 이참에 혼쭐을 내 주마."

아주머니가 소리치며 따라왔다.

찬우는 걸음아 나 살려라 하고 있는 힘껏 달렸다.

"쨍그랑!"

"저, 저, 저놈이……."

엎친 데 덮친 격으로 옹기점 앞을 지나다가 세워 놓은 옹기를 건드려 넘어뜨렸다. 옹기는 바닥으로 떨어지며 사정없이 깨졌다.

"이놈아! 도망가면 대수냐?"

찬우는 옹기 아저씨에게 목덜미를 잡혔다.

"고얀 녀석, 깨진 도자기는 어쩔 거여?"

옹기 아저씨가 험상궂은 얼굴로 다가왔다.

"놓아 주세요. 캑캑, 목이 아파요."

찬우는 숨이 차서 헐떡이며 소리쳤다.

"이 녀석! 어서 떡값을 물어내라. 어디서 그런 고약한 손버릇을 쓰는 게냐?"

아주머니도 숨을 몰아쉬며 다그쳤다.

"도자기 값도 물어내야지. 그게 어떤 도자기인 줄 아느냐? 의금부에서 녹을 먹던 대감께서 특별 주문해서 만든 거란 말이다. 하필 옹기 두 개가 깨지면서 그걸 건들 게 뭐람?"

찬우는 인절미 아줌마와 옹기 아저씨에게 뭐라고 답해야 할지 몰라 쩔쩔맸다.

"안 되겠다! 보아하니 옷차림도, 머리 모양도 요상한 게 떠돌이 같은데, 관가에 넘겨 노비로 살게 해야겠다."

옹기 아저씨가 찬우의 손을 잡고 끌었다.

"아, 아저씨, 일부러 그런 게 아니에요. 잘못했어요. 용서해 주세요. 전 돌아가야 해요."

"돌아가야 한다면 어미, 아비가 있는 모양이구먼. 잘됐다. 네놈 집에 가서 변상하라고 해야겠다."

"그, 그게요……."

찬우는 어떻게 해야 할지 도무지 생각나지 않았다.

"전 여기 살지 않아요. 돌아가야 하는데, 돌아가는 방법을 몰라요. 흐앙……."

찬우는 그만 울음을 터뜨렸다.

"지금 무슨 말을 하는 게냐? 우린 떠돌이 변명까지 들어줄 여력이 없다."

인절미 아주머니가 매정하게 말했다. 찬우는 꼼짝없이 관가로 끌려갈 판이었다.

'괴짜 할아버지, '짠' 하고 나타나 보세요. 절 여기로 데려올 능력이 있으면 돌아갈 수 있게 해 주셔야죠.'

찬우는 마음속으로 이렇게 말하며 할아버지를 간절히 기다렸다. 하지만 할아버지는 나타나지 않았다.

찬우는 엄마 아빠를 영영 볼 수 없을지도 모른다는 불안감에 휩싸였다. 그러자 엄마한테 짜증을 냈던 일이 떠올랐다. 할머니와 씨름하는 게 싫어 집을 빨리 벗어나려고 했던 일도 생각났다.

"이놈아, 어서 가자!"

옹기 아저씨가 윽박질렀다. 찬우는 꼼짝 없이 관가로 끌려가는 수밖에 없었다.

삼강행실도 펼쳐 보기

자강복총

자 강 복 총
自 强 伏 塚
스스로 자 강할 강 엎드릴 복 무덤 총

김자강이 무덤에 엎드려 있다

> 이 그림의 제목인 '자강복총'은 '김자강이 무덤 앞에 엎드려 있다.'라는 뜻이에요. 《삼강행실도》의 효자 편에 수록된 그림이지요. 이야기의 주인공인 김자강은 무슨 사연으로 무덤 앞에 엎드려 있었던 걸까요?
>
> 김자강은 조선 시대의 성주 사람으로, 어려서 아버지를 여의고 어머니를 모시며 살았어요. 평소 어머니의 마음을 잘 헤아리고 어머니의 뜻에 따르며 극진히 모시고 살았지요.
>
> 세월이 흘러 어머니가 돌아가셔서 장례를 치르게 되었습니다. 김자강은 아버지 묘를 옮겨다가 어머니의 묘와 합장을 하고, 여막을 지어 3년간 무덤 곁을 지켰어요. 그리고 무덤을 지키는 동안 잠시도 집에 들르지 않았지요.
>
> 그렇게 3년상을 마친 뒤였어요. 김자강은 이번엔 아버지를 위해 다시 3년상을 치르려 했습니다. 김자강의 처가 식구들은 이를 반대하며 김자강을 집으로 보냈어요. 그리고 무덤 옆에 지은 여막을 불태워 버렸지요. 김자강은 연기와 불빛을 보며 하늘을 향해 울부짖고 땅을 치며 울었어요. 산소로 돌아와서는 무덤 아래에서 사흘 동안 엎드린 채 일어나지 않았어요. 가족들은 그런 김자강의 효성에 감동하여 다시 여막을 지어 주었고, 김자강은 또다시 3년을 처음과 같이 부모의 무덤 곁을 지켰답니다. 세상을 떠난 부모를 향한 김자강의 마음이 가슴 절절히 느껴지는 이야기입니다.

7장

박화원의 심부름 아이가 되다

 찬우는 옹기 아저씨에게 목덜미를 잡힌 채 끌려갔다. 어서 이 상황을 벗어나야 하는데 어찌해야 할지 몰랐다.
 "이번 기회에 혼쭐을 내야 떠돌이 아이들이 극성부리지 않지."
 인절미 아주머니는 예전에도 피해를 입은 적이 있는 듯했다.
 "멈춰라!"
 그 때 마주 오던 한 나리가 불러 세웠다.
 "화원 나리, 별고 없으시지요?"
 옹기 아저씨가 찬우의 목덜미를 잡은 채 허리를 굽혔다.
 '저 아저씨는……'
 도화원에서 안견과 설순이 이야기하고 있을 때 먹물을 엎은 박 화원이었다. 옹기 아저씨는 박 화원을 알고 있는 것 같았다.

"어인 일이냐?"

"네, 손버릇이 나쁜 아이온데, 혼쭐을 내 주려던 참입니다."

옹기 아저씨가 말했다.

"사정을 말해 봐라."

"나리, 이 아이가 옹기를 깨뜨렸지 뭡니까! 그래서 관아로 끌고 가려던 참입니다. 옹기 몇 개 깨진 걸로 이러는 거 아닙니다요. 주문을 받아 정성 들여 만든 도자기가 깨져 손해가 막심합니다요."

옹기 아저씨 말에 이어 아주머니도 인절미를 훔쳤다고 말했다.

"일부러 그런 게 아니에요. 믿어 주세요."

찬우는 지푸라기라도 잡고 싶은 심정이었다. 박 화원이 찬우를 천천히 훑어보았다.

"섭섭하지 않게 보상해 주면 그 아이를 보내 주겠느냐?"

"그야 물론입죠."

옹기 아저씨가 허리를 더 깊숙이 굽혔다.

"옛다! 이거면 충분할 게다."

박 화원이 동전 꾸러미를 던졌다.

"네네, 여부가 있겠습니까요."

인절미 아주머니도 허리를 굽실거렸다.

찬우는 옹기 아저씨의 손아귀에서 벗어나서 멍하니 서 있었다.

"뭐하느냐? 어서 따라오지 않고."

박 화원이 앞서가며 재촉했다.

"운 좋은 줄 알아라."

옹기 아저씨가 엽전을 주워 들며 말했다. 찬우는 일이 어떻게 돌아가는지 알 길이 없었다. 그렇지만 지금은 장터를 벗어나야 했다. 그래서 박 화원을 따라갔다. 얼마를 앞서가던 박 화원이 발걸음을 멈추고 찬우를 돌아보았다.

"어디 사는 누구냐?"

"전 대한, 아니 여기 살지 않아요. 돌아가고 싶어요."

"사는 곳이 어디냐고 묻지 않느냐?"

"저는……."

찬우는 말해도 이해하지 못할 것을 뻔히 알기 때문에 머뭇거렸다.

"허허, 왜 말을 하다 마느냐? 말하기 어려운 일이라도 있는 게냐?"

박 화원은 더 이상 캐묻지 않았다. 얼마를 가니 초가들이 모여 있고 기와집이 드물게 보이는 마을이 나왔다. 박 화원은 기와집 앞에 멈췄다. 음식 냄새가 담 너머까지 퍼져 나왔다. 찬우는 배가 고파 쓰러질 것만 같았다.

"자, 들어가자."

박 화원이 대문을 들어섰다. 안에서 어떤 할아버지가 반겼다.

"행랑아범, 이 아이 옷 좀 갈아입히고 요기 좀 시킨 다음 내게 데리고 오게."

박 화원은 그렇게 이르고 본채로 갔다. 행랑아범이라 불린 할아버지는 아마도 자질구레한 집안일을 돌보는 일을 하는 듯했다. 찬우는 행랑

아범을 따라 문간방으로 갔다.

"어떤 사연으로 왔는지 모르나 일단 먹을 걸 가져오마."

행랑아범이 부엌으로 가더니 국과 보리밥을 담아 왔다. 찬우는 숟가락을 들자마자 허겁지겁 먹어치웠다.

"그 옷은 대체 무슨 옷이냐? 다 먹었으면 이 옷으로 갈아입어라."

행랑아범이 다소 해졌지만 깨끗한 옷을 내놓았다. 찬우는 시키는 대로 옷을 갈아입고 행랑아범을 따라 안채로 갔다.

"나리, 아이를 데리고 왔어유."

"흠흠."

박 화원이 대답 대신 헛기침을 했다. 그러자 행랑아범이 찬우에게 들어가 보라고 했다. 박 화원은 붓을 여러 개 놓고 솔을 살피고 있었다.

"네가 누군지 어디 사는지 말해 봐라."

박 화원이 고개를 들어 찬우를 보았다.

"전 여기 사람이 아닙니다. 제가 사는 곳은……."

"그래, 그곳이 어디냐? 혹시 북쪽 변방에 살다가 예까지 떠돌다 온 게냐? 거란족 침입이 잦아서 떠돌이 생활을 하는 자들이 늘고 있다고 들었다."

"그게 아니고요. 전 집에 가고 싶어요. 그렇지만……."

찬우는 머릿속이 복잡해졌다. 사실 대로 말한다 해도 조선 시대 화원 나리가 이해할 수 없을 것이다.

"허, 녀석. 무슨 문제가 단단히 있는 모양이구나. 그걸 말해 보래도."

박 화원은 꼭 알아내야겠다는 듯이 찬우를 살폈다. 찬우는 순간 스쳐 가는 이름이 있었다. 장영실! 괴짜 할아버지는 장영실을 만나러 왔다고 했다.

"전 장영실을 만나고 싶어요. 장영실을 꼭 만나야 해요."

"이 녀석, 말본새 좀 봐라! 장영실이 네 벗이라도 되느냐?"

"아, 장영실 나리요."

"만나서 뭐하게?"

"나리께 여쭤 볼 게 있어요."

"점점 모를 소리만 하는구나. 됐다, 차츰 알게 되겠지. 그럼 내 말을 해야겠다. 넌 나한테 빚을 졌다. 내가 아니었으면 관가로 끌려가 노비 신세가 되었을 게다. 네가 진 빚을 갚으려면 내가 시키는 일을 하여라."

"그게 뭔데요?"

"난 도화원에서 그림을 그리고 있다. 그래서 말인데, 네가 도화원 심부름 아이가 되어 주어야겠다."

"제가요?"

"그래, 장영실을 만나야 한다고 하지 않았느냐?"

"네, 만나야 해요."

"도화원 심부름 아이가 되면 장영실을 만나게 해 주겠다. 또 네가 진 빚도 탕감해 줄 테고. 싫으면 널 살려내느라 쓴 돈을 갚든지! 어떻게 할 테냐?"

"정말 장영실 나리를 만날 수 있는 거지요? 정말이지요?"

"남아일언중천금이라 했다. 난 내가 한 말은 지킨다."

"그렇다면 할게요."

찬우는 장영실을 만나야 한다는 조바심으로 더 이상 생각하고 말 것도 없었다.

"잘 생각했다."

박 화원이 고개를 끄덕였다.

"흠, 두 임금을 섬길 수 없다니, 길재의 충절이 대단하군."

박 화원은 다시 붓의 솔을 매만지며 말했다. 《삼강행실도》에 실릴 내용을 말하고 있는 듯했다. 그러다 찬우와 눈이 마주치자 말을 이었다.

"태종 임금 때 길재는 두 임금을 섬길 수 없다는 절개를 지켜 벼슬에서 물러났지. 그 얘기는 기억하지 않아도 되지만 노비로 갈 네 신세를 구해 준 고마움은 잊지 말아라."

박 화원이 쐐기를 박듯이 말했다. 그리고 나가 보라고 했다.

"앞으로 나랑 같이 여기서 지내야겠구먼."

행랑채로 온 찬우에게 행랑아범이 말했다.

"전 도화원 심부름 아이로 가야 하는데요."

"나리가 따로 정한 심부름 아이니까 나리와 같이 갔다가 집에 오겠구먼. 물론 시키는 일은 다 해야 하지만."

"그런 거예요?"

찬우는 조선 시대 노비 중에는 관노비와 사노비가 있다고 책에서 읽은 게 기억났다.

"할아범, 다녀왔어라."

웬 더벅머리 아이가 달려왔다.

"해 떨어지면 싸게 와야지 뭐하느라 이제사 기어 들어와?"

"할아범은 내 발로 이렇게 걸어 왔는데 뭣이 기어 왔다고 해요?"

아이가 히죽 웃었다.

"참, 여기는 내 손자 녀석이구먼. 서로 인사혀라."

행랑아범이 소개를 해 주었다.

"반갑구먼. 난 개동이라고 해."

찬우는 개똥이라고 하는 줄 알고 웃음이 나오려는 걸 참았다.

"혹시 개똥이라고 들은 거 아녀? 개똥이 아니고 개동이여. 알았냐?"

"아, 알았어. 난 찬우야."

찬우는 가슴이 뜨끔했다.

"그런데 왜 갑자기 심부름 아이가 필요하다는 거여? 필요하다면 개동이도 있는데……."

행랑아범이 잔뜩 궁금한 표정으로 찬우를 요리조리 살폈다.

길재항절

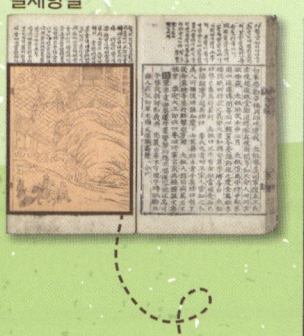

삼강행실도 펼쳐 보기

길재항절 吉再抗節
길할 길 두 재 겨룰 항 마디 절

길재가 끝까지 절개를 지키다

이 그림의 제목인 '길재항절'은 '길재가 끝까지 절개를 지키다.'라는 뜻이에요. 《삼강행실도》의 충신 편에 수록된 그림이지요.

길재는 고려 말을 대표하는 학자이자 충신 중 한 명이에요. 진사에 합격하여 관직에 올랐으나 고려가 멸망하기 2년 전에 관직을 버리고 고향으로 돌아갔어요. 관직에 오른 지 4년 만이었어요. 왜 길재는 돌연 관직을 버리고 고향으로 돌아갔을까요? 길재는 늙은 어머니를 봉양하기 위해서라고 했습니다. 하지만 실제로는 이미 기울어지고 있는 고려 왕조에서 희망을 찾을 수 없었던 것이지요.

고려가 멸망한 뒤, 조선이 건국되고 고향에서 지내던 어느 날이었어요. 조선을 건국한 태조 이성계가 길재를 조정에 불러들여 관직을 제안했지요. 하지만 길재는 이렇게 말했습니다.
"저는 고려에서 과거에 합격하여 관직에 올랐습니다. 그런데 조선에서 또다시 관직에 오르는 것은 두 임금을 섬기는 것이 됩니다. 저는 그럴 수 없습니다. 제가 두 임금님을 섬기지 않도록 해 주십시오."

길재의 흔들림 없는 태도에 결국 태종은 길재가 고향으로 돌아가는 것을 허락했다고 합니다. 임금의 명을 거절하면 어떤 불이익을 당할지도 모르는 상황인데 말이에요. 이런 상황이 이해가 되지 않을 수도 있지만 쉽게 마음을 바꾸는 사람들이 많은 요즘에 다시 생각해 볼 일입니다.

8장

어려지는 병

"자자! 구도는 산, 언덕, 집 울타리, 구름 등으로 나눠 잡고 그 가운데에 이야기를 넣도록 하게나."

안견이 화공들에게 지시를 하고 있었다. 박 화원이 안견에게 허리를 굽혀 예를 차린 다음 찬우를 소개했다.

"소인 집에 거하는 아이인데, 심부름 아이로 데려왔습니다. 심부름할 손이 필요할 것 같아서요."

"허허, 그렇잖아도 손이 필요했는데, 자네 춘부장*이 보낸 게로군. 알았네."

안견은 박 화원의 아버지를 알고 있는 것 같았다.

"다음으로 그릴 이야기는 뭔가?"

안견이 물었다.

*춘부장 : 남의 아버지를 높여 이르는 말.

"주나라 왕상이 한겨울에 부모가 물고기를 먹고 싶다고 하자, 얼음을 깨고 물고기를 잡아다 드렸다는 이야기입니다."

강희안이 대답했다.

"그렇다면 왕상이 얼음을 깨고 물고기를 잡는 모습부터 부모를 위해 봉양한 일화들을 구분지어 배치하게. 인물을 그릴 땐 눈, 코, 입을 뚜렷하게 그리고, 옷고름 하나까지 자세히 그리게나."

안견의 말에 따라 화원들이 그림을 그렸다.

"먹을 갈 줄은 알겠지? 조심해서 곱게 갈아야 한다."

강희안이 찬우에게 일을 시켰다. 찬우는 괴짜 할아버지와 설순을 따라왔을 때 도화원에서 몰래 본 기억을 더듬어서 벼루에 물을 붓고 먹을 갈았다. 붓을 씻는 심부름도 했다. 그리고 집에 돌아가기 전에 어질러진 도화원 청소도 해야 했다.

"잘하고 온겨?"

개동이가 기다렸다는 듯이 반겼다.

"녀석도 참! 지 또래니께 좋은가 보네. 그려, 일은 어땠어?"

행랑아범도 물었다.

"그동안 심부름은 누가 했는지 모르겠어요. 여기저기 불려 다니느라 완전 동네북이었어요."

찬우는 피곤이 한꺼번에 밀려오는 느낌이었다.

"어떤 일로 바쁜데?"

개동이가 고개를 턱 밑으로 들이밀며 물었다.

"임금님 명령으로 서책을 만들고 있거든. 효자와 충신, 열녀에 대한 이야기를 모아 서책을 만드는데, 글을 모르는 사람들도 볼 수 있게 도화원에서 그림을 그리고 있어."

"그려? 어떤 내용이여?"

행랑아범도 궁금해 했다.

"기억나는 건 왕상이란 사람 이야긴데요. 병이 든 어머니가 겨울에 물고기가 먹고 싶다고 하자, 얼음을 깨고 물고기를 잡으려고 했대요. 그런데 얼음이 절로 녹더니 물속에서 잉어 두 마리가 나와서 그걸 어머니한테 고아 드렸대요. 할아버지는 그게 말이 된다고 생각해요?"

찬우는 도화원에서부터 고개를 갸우뚱했던 생각을 말했다.

"효성이 지극하니 하늘도 감동해서 잉어를 준 게지."

"얼음을 깨고 물고기를 잡는 것도 어려운데, 잉어가 갑자기 어떻게 나와요? 게다가 어머니가 돌아가시자, 너무나 슬퍼 상을 치르는 동안 몸이 상하고 말라 지팡이를 짚고 겨우 일어났대요."

"그게 보통 효심이냐? 왕상 부모는 참으로 효자를 두었구나."

행랑아범이 부러운 눈빛으로 찬우를 보며 말했다.

"효자? 누구를 말하는 게야?"

그 때 밖에서 목소리가 들렸다.

"할아범, 대감 어르신이에요."

개동이가 자리에서 벌떡 일어났다.

"어이쿠!"

행랑아범도 방문을 열고 급하게 나갔다.

"누구를 말하는 건지 말해라."

허리가 굽은 대감이 손을 떨며 말했다.

"네, 대감 어르신. 왕상이란 사람이 병들어 있는 어머니가 한겨울에 물고기를 먹고 싶어 하니까 잡아 드렸다는 얘깁니다."

행랑아범이 설명을 했다.

"그래서 어미는 어떻게 됐느냐?"

"어머니는 병이 나았대요."

찬우는 대감과 눈이 마주지자 얼결에 대답했다.

"나도 곶감 먹고 싶다. 곶감 가져와라."

"아이고, 대감 어르신. 이건 옛날 이야기예요. 아직 감이 익지도 않았는데 곶감은 어디서 난단 말입니까?"

행랑아범이 난처해 했다.

"그럼 또 이야기해 줘."

대감이 채근했다.

"어르신, 여기 나와 계시면 안 됩니다. 어서 들어가시지요."

그 때 대감 어른을 보살피는 몸종이 헐레벌떡 와서 부축했다.

"난 여기 있을 거야. 이야기 들을 거다. 놔라."

갑자기 대감이 소리를 쳤다.

"어허, 어인 소란이냐?"

시끄러운 소리를 듣고 박 화원이 나왔다.

"죄송합니다. 소인이 잠깐 자리를 비운 사이에 여기까지 오셨는데, 본채로 가려고 하시지 않습니다요."

몸종이 머리를 조아렸다.

"이놈아, 내가 이야기를 듣고 싶다고 하지 않았냐? 어서 이야기를 해라, 어서!"

대감이 버럭 화를 냈다. 박 화원은 상황을 살피더니 한숨을 푹 내쉬었다.

"아버님, 내일 이야기해 드릴 테니 들어가시지요."

박 화원이 대감을 달래듯이 부축했다.

"내일 해 준다고?"

"네! 내일 저 아이에게 이야기를 들려 드리라고 할게요."

"알았다. 그럼 내 그리 알고 가겠다."

대감은 그제야 본채로 돌아갔다.

"정신이 이렇게 됐어."

개동이가 손을 귀 옆으로 가져가 원을 그렸다.

"어허, 함부로 말하면 못쓴다."

"할아범, 저번에는 대감 어른이 길에 떨어진 쇠똥을 주물럭거리는 걸 봤다니까요. 우웩!"

"이놈, 말조심하래도!"

행랑아범이 개동이를 꾸짖었다.

"알았어요."

개동이가 더벅머리를 긁적였다.

"쯧쯧, 건강하던 대감 어르신이 그렇게 갑자기 쓰러질 줄 누가 알았겠어? 게다가 사람을 못 알아볼 때도 있으니."

행랑아범이 혀를 찼다.

"대감 어르신을 보살피느라 힘드시겠어요."

찬우는 치매에 걸린 할머니가 생각났다. 지금쯤 엄마는 할머니를 보살피느라 눈물을 쏟고 있을지도 모른다.

"얼마 전까지만 해도 안견 나리보다 아들이 먼저 종6품 선화 자리에 올라야 한다고 의지가 대단했는데, 갑자기 쓰러져 저리 되셨으니 옆에서 돌보는 게 보통 힘든 일이 아니지."

"안견 나리보다도요?"

"그려. 안견 나리와 비슷하게 도화원에 들어갔는데, 안견만 인정을 받으니 속상한가 보더라. 그래서 아는 대감들을 찾아가서 부탁하는 눈치였는데……."

"부탁을요?"

찬우는 행랑아범의 말이 이해되지 않았다.

"쯧쯧, 자식 위하는 마음이 아주 컸지. 그런데 저렇게 한쪽 손과 다리를 떠는 것도 모자라서 어린아이로 돌아가는 병까지 걸렸으니 어이하면 좋을고?"

행랑아범이 안타까워했다. 찬우는 대감처럼 아이가 되어 엄마를 힘들게 하는 할머니가 또 떠올랐다.

'돌아가게 된다면, 돌아가게 된다면……?'

찬우는 엄마가 무척 보고 싶었다.

"내일부터 네가 할 일이 하나 늘었어. 이야기해 드리는 거 말이여. 어떤 이야기인지 나도 궁금하구먼."

행랑아범도 이야기를 기대하는 눈치였다.

삼강행실도 펼쳐 보기

왕상부빙

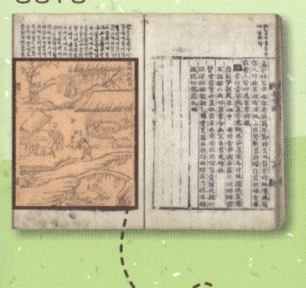

왕 상 부 빙
王 祥 剖 氷
임금 왕 상서로울 상 쪼갤 부 얼음 빙

왕상이 얼음을 깨고 물고기를 잡다

이 그림의 제목인 '왕상부빙'은 '왕상이 얼음을 깨고 물고기를 잡다.'라는 뜻이에요. 《삼강행실도》의 효자 편에 수록된 그림이지요.

왕상은 중국 진나라의 유명한 효자였어요. 왕상의 친어머니는 왕상이 어릴 적 세상을 떠났고, 새어머니 아래에서 자라야 했습니다. 새어머니는 그다지 자애롭지 못한 사람이었어요. 온갖 궂은일을 시키는 것은 물론이고, 왕상의 아버지에게 왕상에 대해 안 좋은 이야기를 하며 왕상에게서 등을 돌리게 했지요. 그런데 왕상은 아무리 부모가 자신을 모질게 대해도 더욱 부모를 공경했습니다.

그러다 왕상의 부모가 병들어 자리에 눕게 되었어요. 그러자 왕상은 정성을 다해 약을 달여 부모의 병 수발을 들었습니다. 추운 겨울에 새어머니가 물고기를 먹고 싶다고 하자 왕상은 언 강에 가서는 얼음을 깨고 뛰어들어 물고기를 잡으려고 했습니다. 그런데 그 때, 갑자기 얼음이 저절로 깨지며 잉어 두 마리가 뛰어올랐다고 해요. 또 어느 날은 참새구이가 먹고 싶다는 새어머니의 말에 참새를 잡으러 나가려는 순간, 왕상의 집에 참새 수십 마리가 스스로 날아 들어온 일도 있다고 합니다. 뜰 앞의 나무에 붉은 능금이 열렸을 때는 새어머니가 능금을 지키라고 하자 밤새 능금나무를 지키곤 했는데, 비바람이라도 치면 나무를 붙잡고 울기까지 했어요. 자신에게 이렇게 모질게 대했지만 새어머니가 세상을 떠나자 왕상은 상을 치르는 동안 시름에 빠져 몸이 상할 정도였다고 해요. 이런 효심에 감동하여 훗날 나라에서는 관직을 주기도 했답니다.

9장

그림을 없애라!

"나리, 장영실 나리를 언제 만날 수 있나요?"

찬우는 도화원으로 가면서 물었다. 장영실을 만나면 괴짜 할아버지의 소식을 알 수 있을 것 같았다. 빨리 만나고 싶었다.

"그렇잖아도 너에게 할 말이 있다."

박 화원이 발길을 멈추더니 굳은 얼굴로 찬우를 보았다. 찬우는 긴장이 되어 심장이 쿵쿵 뛰었다.

"무슨 말씀인데요?"

"네가 은밀히 할 일이 있다."

"뭔데요?"

"안견 나리가 그린 그림을 몰래 가져다 소각장에 넣도록 해라. 뒷정리할 때 잡동사니들과 같이 소각장에 넣으면 아무도 모를 게다."

"네에?"

찬우는 너무나 놀라 목소리가 커졌다.

"쉿!"

"나리, 왜 그런 일을 해야 하나요?"

찬우는 어안이 벙벙했다.

"다 이유가 있어 그러니 시키는 대로 해라."

"그건……."

찬우는 임금의 명령으로 그리는 건데 어떻게 그럴 수 있냐고 말하려다 말았다.

"망설일 일이 아니다. 지금이라도 관가로 가서 노비가 되고 싶으냐? 그러면 집에 가는 건 어림없는 일이 되겠지."

"나리, 처음 얘기하고 다르잖아요. 심부름을 하면 장영실 나리를 만나게 해 준다고 하셨잖아요. 그래서 도화원에서 심부름을 하고 청소도 열심히 하고 그러는데 왜 이러시는 거예요?"

"널 심부름 아이로 데려간 이유가 그거였다. 꼭 해야 하느니라. 그림이 없어져도 널 의심하는 사람은 없을 게다. 그것만 해내면 네가 원하는 대로 해 주마."

박 화원은 할 말을 다했다고 생각했는지 앞장서 갔다. 찬우는 어떻게 해야 할지 판단이 서지 않았다. 그저 잠시 발을 동동 구르다 따라가는 수밖에 없었다.

"얘야, 빨리빨리 움직여라."

　도화원에 들어서면서부터 찬우는 눈 코 뜰 새 없이 바빴다. 화원들이 화선지를 가져오라, 먹물이 떨어졌으니 먹을 갈아라 하며 많은 허드렛일을 시켰다. 찬우가 느끼기에 화원들은 크게 대우 받지 못하는 것 같았다. 그렇지만 성실하게 공들여 그림을 그렸다.
　'어쩌지?'
　찬우는 심부름을 하면서도 그림을 소각장에 넣어야 한다는 박 화원의 말이 머릿속을 헤집고 다녔다.
　"장지도는 제자를 잘 키웠구려."

"그러게 말이오. 자식이 없어도 자식 노릇을 대신하는 윤은보와 서즐 같은 제자들이면 자식보다 더 낫지요."

화원들이 이야기를 하며 그림을 그리고 있었다.

'참, 대감 어르신이 이야기를 해 달라고 하셨지?'

찬우는 대감에게 해 줄 이야기를 기억해 가야 했다. 그래서 먹을 갈다가 그림 쪽을 기웃거렸다.

"허허, 궁금한 게냐? 윤은보라는 분에 관한 이야기다. 윤은보는 스승 장지도가 죽자, 부모님 모시듯이 스승의 묘 곁에서 살며 묘를 돌봤다는구나. 부모에게도 하기 힘든 일을 한 거지."

안귀생이 설명해 주었다.

"부모에게 그렇게 하기도 힘들 텐데, 스승에게까지 그러다니 정말 힘들었을 것 같아요."

찬우는 할머니 때문에 눈물 흘리는 엄마 생각이 나서 콧등이 찡했다.

"녀석도 참! 부모에게 잘하는 건 자식된 도리란다."

"네, 집에 가면 잘해야겠어요."

찬우는 눈물이 나려는 걸 참았다. 엄마 아빠는 아들이 조선 시대에 와 있다는 걸 짐작도 못할 것이다. 돌아가는 방법을 찾지 못하면 영영 이별하게 되는 건 아닌지 걱정됐다.

'어떻게 하지?'

그 걱정과 함께 박 화원이 시킨 일도 생각나서 더욱 침울해졌다. 찬우는 안견을 곁눈질로 보았다. 바로 보면 자신이 망설이고 있는 일을 들킬 것만 같았다.

"어서 정리해라."

어느새 시간이 훌쩍 지나서 하루를 마칠 때가 되었다. 찬우는 뒷정리를 하고 돌아오는 발길이 무거웠다.

"꼭 뭘 밟은 표정 마냥 왜 그런겨? 무슨 일 있는겨?"

개동이가 찬우를 보더니 말을 건넸다.

"말 시키지 마."

찬우는 대답하는 것조차 귀찮아서 방 안에 들어가 벌러덩 누웠다.

"왔냐?"

밖에서 대감의 목소리가 들렸다.

"네, 대감 어르신!"

행랑아범이 달려 나갔다.

"아이를 불러 드리겠다는데 굳이 나오고 그러십니까?"

몸종이 어쩔 줄을 몰라 하며 서 있었다.

"얘기를 해 줘. 어서 해 봐라."

대감이 재촉했다.

"지례현에 살던 윤은보와 서즐은 장지도에게 학문을 배웠는데, 장지도가 자식이 없이 돌아가셨대요. 그러자……."

"뭐야? 돌아가? 고얀 놈들! 늙었다고 송장 취급한 거야?"

"아니, 그게 아니고요."

"뭐가 아니여? 늙었다고 내다 버린 거지. 고얀 놈들……."

대감은 심기가 불편한지 더 이상 이야기를 들으려고 하지 않고 가 버렸다. 행랑아범이 대감의 뒷모습을 보고 서 있었다.

"제가 뭘 잘못했나요?"

찬우는 걱정이 되었다.

"서책에 담은 이야기를 들려 드린 것뿐인데, 무슨 잘못이여. 대감이 어려지는 병에 걸려 노여움도 늘어 그러지. 마음 놓아라."

행랑아범이 찬우의 등을 다독여 주었다.

"저, 어떡해요?"

찬우는 참았던 눈물이 쏟아지려고 했다.

"왜 그려? 무슨 일이여?"

행랑아범의 눈이 커졌다.

"나리께서 저더러……."

"그래, 나리가 어쨌다는 거여?"

"저한테 그림을, 그림을……."

찬우는 사실대로 말하려다 입을 다물었다. 행랑아범에게 말한들 달라질 게 없었기 때문이었다.

"왜 말하려다 말어?"

행랑아범은 찬우를 측은한 눈빛으로 바라보았다.

삼강행실도 펼쳐 보기

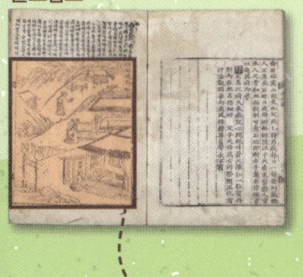
은보감조

은보감조 殷保感烏
성할 은 · 지킬 보 · 느낄 감 · 새 조

윤은보가 까마귀를 감동시키다

> 이 그림의 제목인 '은보감조'는 '윤은보가 까마귀를 감동시키다.'라는 뜻이에요. 《삼강행실도》의 효자 편에 수록된 그림이지요.
>
> 윤은보는 조선 시대 사람이었어요. 윤은보에게는 서즐이라는 친구가 있었지요. 윤은보와 서즐은 마을의 지선주사인 장지도에게 글을 배웠습니다. 그리고 사람으로 태어나 임금과 어버이와 스승에 대한 섬김은 같아야 한다며 장지도를 부모처럼 모셨어요. 맛있는 음식이 생기면 스승을 챙겼고, 명절 때에도 술과 반찬을 갖추어 부모를 섬기듯 대했지요. 그러다 스승이 세상을 떠나자 윤은보와 서즐은 부모에게 허락을 받고 스승의 무덤 옆을 지켰습니다.
>
> 그러던 어느 날, 윤은보의 아버지가 병들어 자리에 눕자 윤은보는 집으로 돌아와 아버지를 극진히 간호했어요. 덕분에 아버지는 건강하게 자리에서 일어날 수 있었고, 윤은보는 다시 스승의 무덤 옆으로 돌아갔습니다. 하지만 얼마 뒤, 뒤숭숭한 꿈자리에 윤은보가 다시 집에 가 보자 아버지가 병으로 시름시름 앓고 있었어요. 결국 윤은보의 아버지도 세상을 떠났고, 윤은보는 아침저녁으로 울며 빈소를 떠나지 않았다고 해요.
>
> 장례를 마치고 아버지의 무덤 옆에서 살던 어느 날, 강한 바람이 불어 상 위에 놓아 둔 향합이 날아가 버렸어요. 그러고 몇 달 뒤, 한 까마귀가 무언가를 물고 날아와서 무덤 앞에 두었는데, 살펴보니 지난번 날아가 버린 바로 그 향합이었지요. 윤은보의 효심에 까마귀도 감동한 걸까요?

10장

장영실을 만나다

찬우는 박 화원과 눈이 마주칠까 봐 두려웠다. 눈빛으로 어서 그림을 가져다 놓으라고 재촉하는 게 역력했기 때문이었다.

'아, 어떻게 돌아가지? 그림을 태운다고 돌아갈 수 있는 것도 아닌데……. 《삼강행실도》를 만드는 세종 대왕님의 뜻을 아는데 그걸 어떻게 태워?'

찬우는 그런 갈등으로 며칠을 보냈다. 그럴수록 괴짜 할아버지를 만나야 한다는 생각이 더욱 절실해졌다.

'빨리 장영실 나리를 만나서 할아버지 행방을 알아봐야 해. 그래야 그림 문제도 의논하고, 돌아갈 방법도 찾을 수 있지.'

찬우는 앞이 막막해서 두 손을 모으고 속으로 빌었다.

'제발 집에 갈 수 있게 해 주세요. 집에 가면 엄마 아빠한테 잘할게

요. 할머니한테도 잘해 드릴게요. 약속해요. 《삼강행실도》를 만들지 못하게 훼방 놓겠다는 말은 그냥 해 본 말이었어요. 정말이에요.'

"그놈, 무슨 생각을 그리 골똘히 하누?"

"아, 나리……."

안견이 찬우를 보며 인자하게 웃었다.

"나리는 정말 그림을 잘 그리십니다."

찬우는 당황스러운 모습을 보이지 않으려고 말을 돌렸다.

"난 그림 그릴 때가 제일 행복하더구나. 그러니까 잘 그리게 된 듯하지. 너는 뭘 할 때 가장 좋으냐?"

"잘 모르겠어요."

찬우가 머리를 긁적였다. 할아버지가 만든 괴상한 물건을 구경하며 재미있어 했던 걸 생각하면 과학에 관심이 있는 것 같기도 했다. 하지만 과학자가 되겠다는 생각은 해 보지 않았다.

"그림을 잘 그린다고 해 주니 고맙다. 너도 뭘 하면 행복한지 생각해 봐라. 장영실 나리도 환경이 좋지 않았지만 그걸 딛고 훌륭한 일을 하고 있지 않느냐?"

"장영실 나리요?"

"그래, 장안에 장영실 나리를 모르는 백성이 없을 정도로 자자하지 않더냐?"

"네, 저도 알아요. 저도 읽었거든요."

"장영실 나리가 물시계를 만들어 설치한다는 방을 봤나 보구나. 그런데 네가 글을 안단 말이냐?"

"네? 아니요, 사람들이 하는 얘기를 들었어요."

찬우는 장영실에 대한 책을 읽었다고 하려다 말았다.

"전 장영실 나리를 꼭 만나고 싶어요. 소원이에요."

찬우는 말을 하면서 가슴이 마구 뛰었다.

"소원이 너무 빨리 이루어진 게 아니냐? 저기 장영실 나리가 오셨구나. 설순 대감을 만나러 오신 게야."

안견이 밖을 가리켰다. 도화원 앞마당에 설순 대감과 함께 누군가 서 있었다.

"정말요? 정말 장영실 나리신가요?"

"그렇대도."

찬우는 자리에서 벌떡 일어났다. 그리고 밖으로 나왔다. 심장이 쿵쿵 요동을 쳤다.

"나리, 안녕하세요?"

찬우는 머뭇거림 없이 달려가 인사를 했다.

"그, 그래."
장영실이 인사를 받았다.
"도화원 심부름 아이외다. 그래, 무슨 일이냐?"
설순이 물었다.
"뭘 좀 여쭤 보려고요. 혹시 얼마 전에 괴짜 할아버지, 아니 어떤 할아버지가 찾아가지 않으셨나요? 전 그 할아버지를 꼭 만나야 해요."
"글쎄다, 찾아온 사람들은 여럿 있었다만……."
"그렇죠? 있었죠? 괴짜 할아버지는 장영실 나리를 가장 존경한다고 했어요. 그래서 나리를 만나러 왔다고 했어요."
찬우가 다급하게 묻자, 설순 대감이 말리려다가 잠시 기다려 주었다.
"그랬구나. 그런데 어쩌지? 찾아온 사람 중에는 네가 말하는 어르신은 없었던 것 같은데."
장영실이 난처한 표정을 지었다.

"애야, 그만 가 봐라. 더 이상 그러면 실례란다."
설순이 눈치를 주며 말했다. 찬우는 그냥 물러날 수 없었다.
"나리, 저 좀 도와주세요. 집에 갈 수 있게 도와주세요."
찬우는 눈물이 주르륵 흘렀다.
"무슨 소리냐? 박 화원이 강제로 널 데리고 있는 게냐?"
설순이 놀라서 물었다.
"그게 아니고……."
찬우는 어떻게 설명을 해야 할지 몰랐다.
"어허, 박 화원하고 얘기해 볼 테니 넌 돌아가 있어라."

설순이 엄하게 말했다.

"그게 아니고요. 전 집으로 돌아가는 방법을 찾아야 해요. 그래서 괴짜 할아버지를 만나야 해요. 괴짜 할아버지는 분명 돌아갈 방법을 알고 있을 거예요. 제발 제 이야기 좀 들어주세요. 네?"

찬우는 진심을 담아 부탁을 했다.

"어서 가자. 무슨 행패냐?"

도화원 노비 두 명이 와서 찬우의 양팔을 잡아 덜렁 들었다. 찬우는 노비들 팔에 매달려 도화원 건물 안으로 들어왔다. 박 화원은 보이지 않았다. 찬우는 한숨이 나왔다. 장영실을 만나면 방법을 찾을 수 있을 거라는 희망이 무너진 것이다.

도화원 앞마당에서 있었던 일을 알지 못하는 화원들은 심부름 아이가 왜 노비들 팔에 들려오는지 잠시 궁금한 눈길을 주다가, 이내 그림 그리는 데 집중했다.

"하, 목숨을 내놓고 바른 소리로 간하다니!"

이야기를 그림으로 표현해야 하다 보니 화원들은 그림에 담을 이야기를 서로 주고받으면서 그림을 그렸다.

"무슨 얘기요?"

"하나라 용방에 대한 이야기요. 용방은 방탕하고 사치스런 걸왕에게 그러면 안 된다고 용감하게 말했다는 거요. 임금은 겸손하고 공손해야 하며, 공경하고 믿음직스러워야 한다고. 그리고 절약하며, 사람을 사랑해야 한다고 말이오. 그래야 천하가 편안해지고 사직과 종묘가 굳건해진다고 했다는구려."

"패기가 대단하구려. 그런 충신이 있으니 걸왕은 부러울 게 없었겠소이다."

"그건 임금이 신하의 말을 들었을 경우의 이야기지요. 걸왕은 그런 말을 하는 용방을 죽였다는구려, 쯧쯧!"

찬우는 임금이 곧 법인 시대에 바른 소리로 아뢴다는 건 목숨을 내놓는 일이라는 생각이 들었다. 그런 생각도 잠시, 찬우는 가슴이 너무나 아팠다.

'엄마, 아빠, 보고 싶어요. 이모도 보고 싶어요. 할머니는 괜찮으신가요?'

삼강행실도 펼쳐 보기

용방간사

용방간사
龍逢諫死
용용 성씨방 간할간 죽을사

용방이 죽음을 무릅쓰고 간하다

이 그림의 제목인 '용방간사'는 '용방이 죽음을 무릅쓰고 간하다.'라는 뜻이에요. 《삼강행실도》의 충신 편에 수록된 그림이지요.

관용방은 중국 하나라 때의 충신이었는데, 왜 죽음을 무릅쓰고 간언을 해야 했을까요? 하나라의 걸왕은 나랏일은 돌보지 않고 밤에 실컷 놀 수 있게 궁에 연못을 파는 등 향락에 빠져 한 달 동안이나 조회를 열지 않았습니다. 그 모습을 보다 못한 관용방은 임금에게 아뢰었습니다.

"임금은 겸손하고 공손해야 하며, 공경하고 믿음직스러워야 합니다. 또한 재물은 꼭 필요한 곳에 사용해야 하며 사람을 사랑해야 합니다. 그래야 나라가 편안해지고 사직과 종묘가 굳건해집니다. 그런데 임금님께서는 지금 재물을 끝없이 쓰고, 사람을 아무렇지 않게 죽이고 계십니다. 그런 모습에 이미 백성들은 임금님에게서 마음을 돌렸고, 그런 임금님을 하늘이 도울 리가 없습니다. 이런 지경인데도 어찌 조금도 뉘우침이 없으십니까?"

하지만 이런 충언이 걸왕의 귀에 들어올 리가 만무했지요. 결국 걸왕은 그 자리에서 관용방을 죽이고 말았답니다. 자신을 생각한 말인 줄도 모르고 말이에요. 참 어리석은 왕이지요? 주변 사람들의 말을 새겨듣지 않고 일을 자기 마음대로 처리하는 사람들이 다시 한번 생각해 볼 만한 이야기입니다.

11장

선택의 순간

도화원에서 돌아오는 내내 박 화원은 아무 말이 없었다. 찬우는 자신이 한 행동 때문에 설순한테 한 소리 들었을 텐데, 아무 말이 없으니 걱정이 몰려왔다.

"피죽 한 그릇도 못 먹은 것처럼 왜 그리 힘이 없어? 무슨 일이 있는 겨? 말해 봐."

개동이가 걱정하며 물었다.

"말해도 넌 해결해 줄 수 없어. 난 여기 사람이 아니야."

"저 북쪽 변방에서 온겨?"

개동이도 변방 이야기를 했다. 행랑아범한테 들었다고 했다.

"거기는 거란족의 약탈이 심한 데다 농사지을 땅이 부족하다며? 끼닛거리가 없어 내려와 떠도는 사람들이 많아서 나라에서 골머리를 앓는다던데, 정말 그러냐?"

"그게 아니고……."

"얘가 두루뭉술하게 넘어가는 것 좀 봐. 더위 먹었나?"

개동이가 시원한 물을 마시고 정신 차리라며 사발에다 물을 한가득 담아 건넸다. 찬우는 속이 답답해 물을 벌컥벌컥 마셨다.

그 때 본채에서 박 화원이 부른다고 행랑아범이 알려 주었다.

"무슨 일이 있는겨? 왜 오라시는겨?"

찬우는 걱정스러워 하는 개동이의 눈길을 받으며 본채로 갔다.

"흠흠, 내가 널 거둔 건 네가 불쌍해서가 아니고, 할 일이 있기 때문이었느니라. 오늘 일은 거론하지 않겠다. 설순 대감에게도 그 일로 문초하지 않게 말해 놓았다. 그러니 내일 당장 그림을 몰래 소각장에 넣도록 해라. 그렇게 하면 넌 자유다. 네가 집에 갈 수 있게 노자도 두둑하게 챙겨 주겠다."

말할 때마다 박 화원의 미간에 세로 주름이 생겼다.

"……."

"안 그러면 넌 관가로 가게 될 것이다. 알아서 결정해라!"

박 화원은 나지막이 엄포를 놓았다. 찬우는 다리가 후들거려 행랑채까지 간신히 왔다. 엉겁결에 괴짜 할아버지를 쫓아왔다가 영락없이 떠돌이 아이에서 이젠 관가 노비로 살아야 할 판이었다.

"오늘 해 줄 이야기는 뭐여?"

가슴이 답답해 말도 안 나오는데 개동이가 물었다.

"그려, 나도 궁금하구먼."

행랑아범이 일을 마쳤는지 방으로 들어오며 관심을 보였다. 찬우는 짜증이 몰려오는 걸 꾹 참았다. 그래도 관심을 가져 주는 사람은 행랑아범과 개동이뿐이었다. 그래서 숨을 깊게 몰아쉬며 마음을 차분하게 가라앉혔다.

"정몽주와 이방원 이야기예요."

"아, 선죽교 말이냐?"

"네, 이방원이 하여가를 부르며 회유를 할 때 정몽주는 단심가로 답하며 두 임금을 섬길 수 없다고 했어요."

"그려그려, 그 얘기는 입에서 입으로 전해져서 많이 알고 있구먼. 목숨을 내놓는 일인데 어떻게 그런 절개가 나왔는지 몰라."

행랑아범이 옆에서 거들었다.

"그런데 왜 얼굴이 그 모양이여?"

티를 안 내려고 해도 보이는 것 같았다.

"나리는 안견 나리를 싫어하시나 봐요."

"거참, 요즘 나리가 좀 이상하지 않아? 뭔가 이상한 거여. 그치?"

행랑아범은 확신에 차서 물었다.

"왜 그러는지 아세요?"

"그게 말여, 대감 어르신은 나리가 도화원에서 인정받기를 바라는 마음이 컸지. 그런데 안견 나리가 종6품 선화 자리를 차지하니까 심기가 불편했을 거여. 그러다 저렇게 몸이 안 좋게 되니, 이번엔 나리가 욕심을 내고 있는 게지. 종6품 자리에 올라 아버지를 기쁘게 해 드리겠다는 마음으로. 그걸 효도라고 생각하는 갑더라."

행랑아범은 그 집에 오래 있어서 그런지 아는 게 많았다.

"효도라고요?"

찬우는 효도라는 말이 귀에 쏙 들어왔다.

"어르신을 기쁘게 해 드리는 것이 효도니까, 나름 그렇게 생각할 수 있지. 그런데 방법이 문제여. 분명 안견 나리에게 해코지를 하려 들 게다. 그 일에 널 이용할 테고."

"네?"

"얼마 전에 나리가 뒤뜰에서 혼잣말을 하는 걸 들었단다."

"무슨 말이요?"

찬우는 몸이 떨렸다.

"'아버지를 기쁘게 하는 일이면 기꺼이 해 드리겠습니다. 안견을 제치고 제가 그 자리를 차지하겠습니다. 그러길 원하셨잖아요. 그것 때문에 금이며 쌀, 비단들을 대감들한테 보낸 걸 압니다. 제가 잘되는 걸 보고 싶으셨던 그 마음 잘 압니다. 일을 처리해 줄 아이도 구해 놓았습니다. 그러니 어서 쾌차하세요. 자꾸 어린아이처럼 그러시면 어떡해요?' 이러면서 흐느끼더구나."

"옳지 않은 일을 하면서 그걸 효도라고 할 수 있남?"

개동이가 시큰둥하게 말했다. 찬우는 효도라는 말에 가슴이 답답해졌다.

"그렇게 해서라도 아버지 마음을 편하게 해 드리고 싶은 게 자식 마음이여. 그나저나 너한테 곤란한 일이 생길까 봐 걱정이구나."

행랑아범이 진심으로 찬우를 걱정해 주었다.

"고마워요. 집에 돌아가면 할아버지가 많이 그리울 거예요."

찬우는 행랑아범의 따뜻한 마음이 참으로 고마웠다.

"그런데 할아버지, 무슨 일을 해야 할 때 망설여진다면 어떻게 해야 할까요?"

"망설여진다는 건 마음에 거슬리는 게 있다는 거 아니여? 그렇다면 하지 않는 게 낫지. 그게 마음대로 되는 게 아니라서 탈이지만."

행랑아범이 고개를 저었다.

"맞아. 나도 시켜서 억지로 하는 건 싫구먼."

개동이도 도리질을 했다.

"나리가 어떤 일을 강요하는 거여? 그런겨?"

행랑아범이 찬우의 표정을 살피며 말했다. 찬우는 박 화원이 시킨 일을 차마 말할 수 없었다.

"나 마실 갔다 올 거여."

개동이가 같이 가자고 찬우의 손을 잡았다. 찬우는 마음의 여유가 없어서 쉬고 싶었지만 개동이 손을 뿌리칠 수가 없었다.

삼강행실도 펼쳐 보기

몽주운명

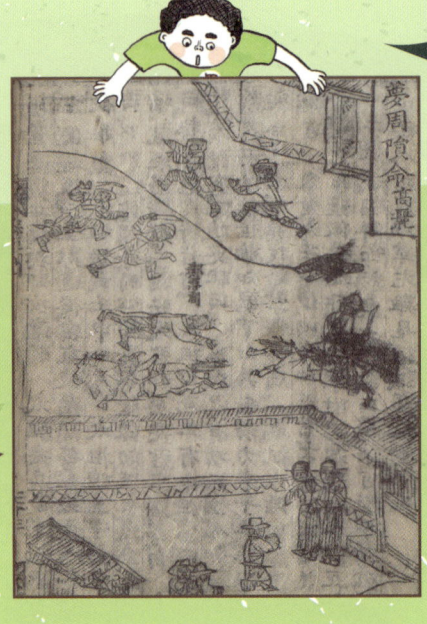

몽주운명
夢周殞命
꿈 몽 두루 주 떨어질 운 목숨 명

정몽주가 운명하다

이 그림의 제목인 '몽주운명'은 '정몽주가 운명하다.'라는 뜻이에요. 《삼강행실도》의 충신 편에 수록된 그림이지요.

> 이 몸이 죽고 죽어 일백 번 고쳐 죽어
> 백골이 진토되어 넋이라도 있고 없고
> 임 향한 일편단심이야 가실 줄이 있으랴.

정몽주가 쓴 시인 <단심가>입니다. 한번쯤은 들어 보았지요? 이 시에서 말하는 '임'은 바로 왕이랍니다.

정몽주는 고려 말에 무너져 가는 고려 왕조를 일으키기 위해 혼신을 다했던 고려의 충신이에요. 당시 고려는 정치도 혼란스러운 데다가 북방 홍건적들의 침입까지 받으며 나라 안팎으로 위기를 겪고 있었답니다. 그때 고려의 장수였던 최영과 최영의 부하였던 이성계가 홍건적의 침입을 막았어요. 이 일을 계기로 최영과 이성계의 입지가 높아졌지요.

　하지만 최영과 이성계는 입장이 달랐어요. 최영은 고려 왕조의 부흥을 꿈꾼 온건적 개혁파였고, 이성계를 필두로 한 급진적 개혁파는 새로운 나라를 세워야 한다고 생각하며 자신들이 고려를 장악하려고 했거든요. 정몽주는 바로 최영과 뜻을 함께 하는 온건적 개혁파였어요.
　그러던 중에 중국에서는 명나라가 들어서면서 고려에 철령 이북 지역을 요구했고, 이에 분개한 최영은 이성계에게 요동을 정벌하라고 시켰습니다. 하지만 이성계는 생각이 달랐어요. 결국 북벌에 나섰던 이성계는 압록강 유역에서 다시 돌아가기를 결심하며 위화도 회군을 벌입니다. 그리고 새로운 왕조를 세우며 고려를 저버리고, 새로운 나라 조선을 세웠지요. 이처럼 자신의 바람과는 반대로만 흘러가는 상황을 보며 정몽주는 애가 탔겠지요?
　한편, 이성계를 따르던 이성계의 아들들과 조영규 등은 정몽주를 그대로 두었다가는 자신들이 모함을 당해 죽을 것이라고 이성계를 회유했어요. 하지만 이성계는 죽고 사는 것은 하늘의 뜻이라며 정몽주를 놓아두라고 했지요. 결국 이성계의 아들 이방원과 조영규 등이 이성계 몰래 정몽주를 선죽교에서 죽이고 말았어요. 이 사실을 전해 들은 이성계는 크게 화를 내었고 병이 심해져 말도 할 수 없을 정도였다고 해요.
　그로부터 13년 뒤, 태종(조선 제2대 왕) 이방원은 정몽주를 영의정에 올리고 문충이라는 시호를 내렸답니다. 조선에도 정몽주같이 나라와 임금을 위해 충성을 다하는 충신이 필요했기 때문이었을 거예요.

12장

개동이 동무들

거리는 어스름이 덮여 있었다. 낮게 내려앉은 집들에서 호롱 불빛이 새어 나왔다.

"안에 있으면 머리만 복잡해지잖아. 밤바람 쐬는 것도 괜찮을거."

개동이의 제안에 찬우는 얼결에 따라나섰다.

찬우는 묵묵히 뒤를 따랐다. 집으로 돌아가는 방법을 모르니 힘이 빠졌다. 괴짜 할아버지를 만나야 하는데 어찌해야 하는지 막막했다. 게다가 박 화원이 시킨 일 때문에 가슴이 답답해 견딜 수 없었다.

'도대체 어디부터 풀어야 하는 걸까?'

찬우는 한숨이 절로 나왔다.

"저기 동무들이 있네."

개동이가 아이들 소리가 나는 곳을 가리켰다. 공터에 아이 세 명이

제기차기를 하고 있었다. 찬우는 조선 시대에도 제기차기를 했다는 게 신기했다.

"너도 해."

제기를 들고 있던 아이가 개동이에게 제기를 툭 차서 건넸다. 개동이는 제기를 찼다. 짚신을 신었지만 제법 잘 찼다.

"너도 차라."

제기를 떨어뜨린 개동이가 찬우에게 제기를 주었다. 풀로 묶어 만든 제기에서 풀 냄새가 나는 듯했다. 찬우는 심호흡을 한 뒤, 제기를 찼다. 한 번은 찼는데 두 번째는 발에 맞지 않고 바닥으로 툭 떨어져 버렸다.

"그것밖에 못하고 뭐여?"

개동이가 제기를 주워 들며 말했다.

찬우는 아이들과 어울릴 기분이 아니라서 편편한 돌이 놓여 있는 곳에 앉았다.

"우리 심심한데 편 먹어서 주전부리 내기 할려?"

어떤 아이가 말했다.

"좋아. 출출한데 잘됐다."

아이들은 제기차기를 신나게 했다. 탄성이 나오기도 하고 흥겨워 외치는 소리도 터져 나왔다. 그렇게 얼마를 하더니 시들해졌는지 서로 허리나 다리를 잡고 뒹굴었다. 씨름과 비슷했다.

"그렇게 있지 말고 같이 놀자."

　개동이가 찬우 손을 잡고 일으키더니 갑자기 안다리를 걸었다. 방심하고 있다가 뒤로 넘어지고 말았다.
　"그렇게 힘이 없어 뭐에 쓰냐?"
　아이들이 웃음을 날렸다. 찬우는 고민이 가슴을 짓눌러서 그런지 아이들이 비웃는 것처럼 들렸다. 그래서 입술을 꽉 물고 개동이에게 다가섰다. 그리고 허벅지를 잡고 다리를 걸었다.
　"어어, 어림없지."
　개동이가 엉덩이를 쭉 빼더니 잘도 피했다. 그러더니 매치기를 했다. 찬우는 바닥에 벌렁 나자빠졌다.
　"야, 정신 차려! 그렇게 딴생각하면 쓰겠냐?"
　개동이도 찬우 옆에 벌러덩 누웠다. 찬우는 숨을 깊게 들이마셨다. 눈물이 핑 돌았다. 할머니를 피해 이모네 집으로 왔다가 괴짜 할아버

지를 만나 조선 시대로 와 버렸으니 생각지도 못한 일이 벌어진 것이다. 문제가 생기지 않았다면 무척 신나는 일임에 틀림없다. 시간 여행을 한다는 일은 생각만 해도 짜릿한 일이다. 그런데 지금 찬우는 집으로 가는 방법도 모르고 박 화원이 시킨 일도 해야 하는 처지에 놓여 있다.

"내가 옥수수 낸다."

어떤 아이가 말했다. 그러자 아이들이 몰려갔다. 개동이가 찬우에게 같이 가자고 했다. 찬우도 개동이와 같이 움직였다. 행랑채로 가니 김이 모락모락 나는 옥수수가 담겨 있었다. 그 옆에는 아이의 아버지가 짚으로 새끼를 꼬고 있었다.

"아부지도 드세요."

아이가 옥수수를 권했다.

"그래, 우리 아들 예의가 바르구먼."

아이의 아버지가 흐뭇해 했다.

"아부지, 기분 좋으면 이야기 하나만 해 줘유."

아이가 보챘다.

"이야기라, 호랑이를 잡은 최누백의 이야기를 해 줄까?"

"좋아요!"

아이가 손뼉을 쳤다. 아이는 이야기를 좋아하는 것 같았다. 개동이와 동무들도 눈빛을 빛내기는 마찬가지였다. 방에는 딱히 놀 거리가 있는 것도 아니었다.

"최누백의 아버지는 누백이가 열다섯 살 때 사냥을 나갔다가 호랑이에게 해를 당했지."

"그래서유?"

아이가 침을 꿀꺽 삼켰다.

"그래서 누백은 '네가 아버지를 먹었으니 내가 너를 먹어야겠다!'라며 아버지의 원수를 갚고자 호랑이를 잡으러 나섰지."

개동이와 동무들은 이야기에 열중했다.

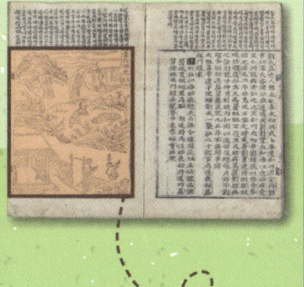
누백포호

삼강행실도 펼쳐 보기

누백포호
婁伯捕虎
끌 누 맏 백 잡을 포 호랑이 호

최누백이 호랑이를 잡다

이 그림의 제목인 '누백포호'는 '최누백이 호랑이를 사로잡다.'라는 뜻이에요. 《삼강행실도》의 효자 편에 수록된 그림이지요. 그런데 최누백은 어떻게 그 무시무시한 호랑이를 잡은 걸까요?

최누백은 고려 시대 사람으로, 무척 효자였어요. 그런데 최누백이 열다섯 살이 되던 해에 아버지가 호랑이에게 잡혀 해를 당하는 일이 일어났지요. 최누백은 그 호랑이를 살려둘 수 없다며 집을 나섰고, 만류하는 어머니에게 이렇게 말했다고 해요.

"아버지의 원수를 어찌 갚지 않을 수 있습니까?"

최누백은 도끼를 메고 호랑이 발자국을 따라갔습니다. 마침내 배불리 먹고 누워 있던 호랑이를 발견한 최누백은 호랑이 앞으로 나가 큰 소리로 호랑이를 꾸짖기 시작했어요.

"네가 내 아버지를 해쳤으니, 나도 너를 해쳐야겠다!"

그러자 호랑이가 꼬리를 흔들며 최누백 앞에 납작 엎드리는 게 아니겠어요? 최누백은 도끼로 호랑이의 배를 갈라 호랑이 뱃속에 있던 아버지의 뼈와 살점을 가져다가 그릇에 모시고 무덤을 만들어 3년간 지켰답니다.

그러던 어느 날, 최누백이 깜빡 잠든 사이에 아버지가 곁에 와서 이런 시를 읊었어요.

"가시나무 헤치고 효자 보려 다달으니, 느끼는 바가 많고 눈물은 끝이 없어라. 흙을 져다 날마다 무덤 위에 더하니, 마음을 알아주는 것은 밝은 달 아래 청풍뿐이로다. 살아서는 봉양하고 죽어서는 지키니, 누가 효성에 시종이 없다고 했던가."

아버지는 시를 다 읊고 곧바로 사라졌지요. 자신을 향한 효심 지극한 아들의 모습을 바라보는 아버지의 찡한 마음이 느껴지나요?

13장

잘못된 결정

"오늘이다, 알겠느냐?"

도화원으로 가는 길에 박 화원이 단단히 일렀다. 찬우는 가슴이 옥죄어 왔다.

"이건 서로 돕는 거다. 난 네가 관노비가 되는 걸 막아 주고, 넌 내가 원하는 걸 얻을 수 있게 하는 거고."

박 화원은 할 말을 마치고 도화원으로 갔다. 찬우는 도화원에 들어서는 것이 두려웠다.

찬우는 괴짜 할아버지에게 《삼강행실도》를 만들지 못하게 훼방 놓겠다고 말한 게 자꾸 생각났다. 또 백성을 위하는 세종 대왕의 모습도 떠올랐다.

"어서 와라. 네가 매일 잔일을 해 주니 우리 일이 수월하구나."

안견이 반겨 주었다.

"자, 이 그림을 봐라. 어떤 이야기인지 알겠느냐?"

그림은 세 부분으로 나뉘어 있었다. 위쪽 그림은 임금 앞에 어떤 신하가 인사를 하고 있고, 가운데 그림은 왜나라 임금 앞인 것 같았다. 그리고 그 밑에는 바다에 배가 떠 가는 그림과 왜나라 장수들이 칼을 들고 누군가를 끌고 가는 그림이었다. 그림에 생동감이 느껴졌다.

"충성스런 신하의 이야기인 듯해요."

찬우는 정몽주 이야기가 떠올라서 이 이야기도 임금에 대해 충성하는 이야기일 거라는 생각이 들었다.

"허허, 내가 그림을 제대로 그렸구나. 그림을 보고 그렇게 읽었다면 말이야."

안견은 신라 시대의 충신 박제상에 관한 이야기라고 말해 주었다. 왜나라에 볼모로 잡혀간 왕자 미사흔을 고국으로 탈출시키고, 왜왕의 신하가 되지 않겠냐는 회유에 자신은 신라의 개가 될지언정 왜나라에서 부귀영화를 누리기는 싫다고 말하며 최후를 마친 내용이었다. 찬우는 안견이 다정하게 대해 주니 더욱 가슴이 아팠다.

"이제 어느 정도 그림이 완성되어 가는구나."

안견이 흐뭇한 표정을 지었다.

"나리, 그림이 한 장이라도 없어지면 어떻게 돼요?"

"그런 일이 있으면 안 되지. 어명이라 그런 일이 있거나 제때 그려 내지 못하면 책임을 물어 벌을 받게 될 게다. 절대로 손 타는 일이 없도록 해야지. 그러니 뒷정리할 때 잘 살펴라."

안견이 찬우의 머리를 쓸어 주었다. 찬우는 눈을 어디에 둘지 몰라 허둥댔다.

'그림을 소각장에다 넣으라고 했는데……. 그러면 《삼강행실도》를 만들지 못하게 될 거야. 그런데 이제 와서 그게 무슨 의미가 있지?'

찬우는 괴짜 할아버지와 시간 여행을 왔을 때가 생각났다. 그때라면 《삼강행실도》를 못 만들게 될 경우 쾌재를 불렀을지도 모른다. 하

지만 지금은 별 의미가 없었다. 집으로 돌아가는 방법을 알 수 없거니와 머릿속에 《삼강행실도》의 내용이 이미 들어와 있기 때문이었다.

'그런데 나리의 말을 듣지 않으면……, 더 어려운 일을 당하게 될지도 몰라.'

찬우는 당장이라도 엉엉 울고만 싶었다.

그런 와중에도 시간은 흘러서 하루가 어떻게 지나갔는지 모르게 후딱 가 버렸다.

화원들이 서둘러 퇴청을 했다. 박 화원도 찬우에게 눈짓을 하며 나섰다. 뒷정리를 하는 시늉을 하다가 그림을 꼭 가져다 태워 버리라는

신호였다.

　찬우는 도화서에 있는 노비들과 바닥에 떨어진 화선지를 들어 제자리에 놓고 화구들을 정리했다. 찬우는 미적거리며 늦게까지 남았다. 혼자 남겨진 찬우는 그림을 말리기 위해 펴 놓은 선반 쪽을 보았다. 안견이 그린 그림이 눈에 들어왔다.

　'어떡하지?'

　찬우는 그림을 향해 조심스럽게 다가갔다. 마음속으로 갈등하고 있기 때문인지 발걸음이 무거웠다. 찬우는 눈을 질끈 감았다가 뜬 뒤 그림을 집어 들었다. 바로 그 때였다.

　"허허, 고생이 많구나."

　인자한 목소리가 뒤에서 들렸다. 찬우는 너무나 놀라 몸이 빳빳하게 굳었다. 세종 대왕이 찬우를 향해 웃고 있었다.

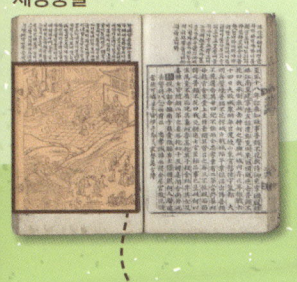
제상충렬

삼강행실도 펼쳐 보기

제 상 충 렬
堤 上 忠 烈
둑 제　위 상　충성할 충　굳셀 렬

박제상의 충렬

> 이 그림의 제목인 '제상충렬'은 '박제상의 충렬'이라는 뜻이에요. 《삼강행실도》의 충신 편에 수록된 그림이지요.
>
> 박제상은 신라 눌지왕 때의 충신이었어요. 눌지왕이 즉위하기 전 신라의 실성왕은 눌지왕의 동생들인 복호와 미사흔을 각각 고구려와 왜나라에 인질로 보내야 했습니다. 그것이 늘 마음에 걸렸던 눌지왕은 왕위에 오른 뒤 사람을 보내 복호와 미사흔을 데려오려 했지요. 박제상은 자신이 가기를 청하고 고구려에 가서 왕을 달래어 복호와 함께 신라로 돌아왔습니다. 왕은 매우 기뻤지만 미사흔이 왜나라에 남아 있는 게 마음에 걸렸어요. 왕의 탄식을 들은 박제상은 집에도 들르지 않고 다시 왜나라로 떠났습니다.
>
> 왜나라에 도착한 박제상은 왜왕에게 자신의 왕이 아버지와 형을 해쳐서 도망 온 것이라고 거짓으로 고했지요. 왜왕은 박제상의 말을 믿었어요. 기회를 엿보던 어느 날, 박제상은 미사흔과 함께 배를 타고 노는 척하며 왜나라 사람들의 의심을 따돌리고, 미사흔에게 몰래 돌아가라고 권했습니다. 미사흔이 함께 가자고 했지만 함께 가면 둘 다 돌아갈 수 없다며 단호히 거절하고 홀로 왜나라에 남았지요. 박제상의 도움으로 미사흔이 도망친 사실을 알게 된 왜왕이 박제상을 가두고 어찌 몰래 왕자를 보냈느냐고 묻자 박제상은 이렇게 말했어요.
>
> "나는 신라의 신하로, 우리 임금님의 뜻을 이루고자 한다!"
>
> 결국 뜻을 굽히지 않은 박제상은 왜왕에게 죽임을 당하고 말았습니다. 이 소식을 전해 들은 박제상의 가족은 매우 슬퍼했지만 목숨까지 바친 박제상의 충심은 충신의 본보기가 되어 오래도록 회자되었답니다.

14장

돌아오다

"심부름 아이를 들였다더니……. 놀라게 했나 보구나. 궁금해서 들어와 보았느니라. 그 그림부터 보자꾸나."

세종 대왕이 찬우가 들고 있는 그림을 가리켰다. 찬우는 그림을 조심스럽게 내려놓았다. 세종 대왕은 그림을 한 장 한 장 살펴보았다. 어떤 그림에는 고개를 끄덕였다.

"흠, 백성들이 바른 심성으로 사는 데 도움이 되면 좋겠구나."

세종 대왕은 그림을 찬찬히 보고 일어났다.

"그동안 고생 많았다. 내가 왔다 갔다는 건 말하지 마라."

세종 대왕은 흡족한 표정으로 도화원을 나갔다.

"후유! 세종 대왕님이 저렇게 관심을 갖는 책인데, 내가 뭘 하려고 한 거지?"

찬우는 가슴을 쓸어내렸다. 순간 박 화원이 윽박지르던 모습이 떠올라 겁이 났다.
그 때였다. 시커먼 그림자가 찬우 곁으로 성큼 다가왔다.

"나, 나리!"

찬우는 몸이 마구 떨렸다. 언제 왔는지 박 화원이 찬우를 노려보고 서 있었다.

"내가 그렇게 부탁을 했는데도 실행하지 않다니, 용서할 수 없느니라. 하지만 너는 아직 내게 필요하니 가만히 거기 서 있거라."

박 화원이 안견의 그림 몇 점을 들었다.

"네놈이 못하니 내가 한다만, 이건 네가 한 일로 알려질 게다."

박 화원이 음흉한 미소를 띠며 그림을 들고 소각장에 가려고 했다.

"나리, 안 돼요. 그러시면 안 돼요."

찬우가 박 화원의 도포 자락을 잡았다.

"어허, 지금 뭐하는 게냐?"

"나리, 이러시는 건 효도가 아니라고 생각해요. 대감 어르신은 나리가 이러는 걸 바라시지 않을 거예요."

찬우가 애원을 했다.

"고얀 녀석, 은혜도 모르는 녀석! 네놈이 무얼 안다고 그러느냐? 저리 비켜라!"

박 화원이 찬우의 몸을 밀었다.

"아무리 그래도 안 돼요. 안 된단 말이에요."

찬우가 세차게 고개를 저으며 뒷걸음질했다. 그러다 팔꿈치로 촛대를 치는 바람에 촛대가 넘어졌다. 촛대가 쓰러지면서 바로 옆에 있던 쓰다 만 화선지에 촛불이 옮겨 붙었다.

"안 돼!"

찬우는 얼른 옆에 있는 벼루를 들어 불이 번지는 걸 눌렀다. 다행히 불은 껐지만 손등에 불길이 닿았다.

"앗, 뜨거워!"

그 때였다. 찬우의 몸이 붕 떠올랐다. 그리고 공중돌기를 수차례 하는가 싶더니 바닥으로 쿵 떨어졌다.

"어, 어! 여긴?"

이모네 집이었다.

찬우는 어느새 조선 시대로 시간 여행을 가기 전의 모습으로 되돌아와 있었다. 주위를 돌아보니 현관문이 열리며 이모가 들어왔다.

"이모, 이모! 보고 싶었어요."

찬우는 이모에게 달려갔다. 그리고 이모를 와락 껴안았다.

"왜 그러니?"

이모는 아무것도 모르는 것 같았다. 찬우는 손등에 닿았던 뜨거운 불기운이 다시 느껴지는 듯했다.

'아, 시간 여행의 열쇠는 열이었어. 열!'

찬우는 괴짜 할아버지네 집을 향해 뛰어갔다.

"찬우야, 밥 먹어야지. 여태 방에만 콕 박혀 있다가 갑자기 어딜 가려는 거야?"

뒤에서 이모가 소리쳤다. 찬우는 대답할 겨를이 없었다.

"할아버지, 할아버지!"

찬우는 괴짜 할아버지도 당연히 자신과 함께 조선 시대에서 돌아왔을 거라고 생각했다.

"누구여?"

할머니가 대문을 열고 나왔다.

"할머니, 할아버지 오셨어요? 오셨지요?"

"무슨 소리냐?"

"할아버지! 어디 계세요?"

찬우가 재차 물었다.

"옳아, 우리 영감이 보고 싶어 하던 찬우구나. 들어와라."

할머니가 찬우의 손을 잡아끌며 안으로 데리고 들어갔다. 찬우는 할아버지를 만나서 자초지종을 듣고 싶었다. 그리고 자신이 얼마나 엄청난 일을 겪었는지 들려주고 싶었다. 그리고 왜 자신을 놔 두고 사라진 것이냐고 따지고 싶었다.

"이거 받아라. 할아버지가 너 오면 준다고 했던 거다."

할머니가 할아버지의 시계를 내밀었다.

"어, 이 시계는? 혹시 고장 나지 않았나요?"

찬우는 원격 조정 기능이 고장 났다는 할아버지 말이 생각났다.

"고장 난 건 어떻게 알았니? 시계의 먼지를 닦다가 바닥에 떨어뜨렸지 뭐냐? 아이고, 영감이 알았다면 노발대발했을 게야."

할머니는 할아버지 생각을 하는지 아련한 눈빛을 띠었다.

"할아버지는 어디 계세요?"

"후유, 할아버지는 저어기 하늘나라로 가셨지. 평소 장영실을 그토록 존경하더니 이젠 만났겠네."

할머니는 할아버지가 그리운 듯 말했다.

"네에? 그럴 리가요! 그럴 리 없어요."

찬우는 뭐가 뭔지 알 수 없어 혼란스러웠다.

"분명 저랑 같이 가셨었는데, 돌아가셨다고요?"

찬우는 아무래도 꿈을 꾼 듯 지금 상황이 이해가 되지 않았지만 할머니가 준 시계를 받아들었다. 그리고 이모네로 돌아왔다.

"더운데도 방에서 꼼짝 안 하더니, 왜 이리 바쁘니?"

"이모! 괴짜 할아버지, 아니 과학자 할아버지 말예요."

"그 할아버지가 왜? 참, 그 할아버지 돌아가신 거 모르지? 네가 슬퍼할까 봐 미리 말해 주지 못했는데……."

"돌아가신 거 맞아요? 믿어지지 않아서요."

"돌아가셨으니 돌아가셨다고 하지, 뭐가 안 믿어져?"

이모가 고개를 갸웃했다.

"이모, 생각 안 나요? 효자비 앞에서 만났잖아요."

"얘가 무슨 소리하는지 모르겠네. 돌아가신 분을 어떻게 만나니?"

"이모도 날 기다려 주느라 서 있을 때 봤을걸요."

"무슨 뚱딴지같은 소리니? 아, 맞다! 오늘이 할아버지 49재 날일걸. 신기한 노릇이네."

이모가 고개를 갸웃거렸다.

'정말 돌아가셨구나. 그래서 저승문이 닫히기 전에 가야 한다고 했나 봐. 아! 원거리 작동을 못하게 되었다는 게 이거였어!'

찬우는 시계가 고장났다는 걸 떠올리고 자신의 이마를 쳤다. 할머니가 청소를 하려다가 떨어뜨려 시계가 고장이 났고, 할아버지는 시간 여행을 못하게 된 것이었다.

'할아버지, 그 바람에 전 도화원 심부름꾼 경험을 하게 되었어요. 그렇지만 시간 여행을 하게 해 주셔서 정말 감사합니다. 부디 하늘나라에서 편안히 지내세요.'

찬우는 괴짜 할아버지가 무척 보고 싶었다.

"참, 《삼강행실도》!"

찬우는 가방에서 아빠가 준 책을 꺼냈다.

"무슨 책이니?"

이모가 관심을 보였다.

"조선 시대 세종 대왕 때 만든 책인데, 효자, 충신, 열녀에 관한 이야기가 실려 있어요."

"이렇게 의미 있는 책도 읽고, 우리 찬우 독서 수준이 높네."

이모가 찬우를 추어주었다.

"방학 동안 읽어야 할 필독서예요. 아빠가 숙제로 내 준 책이기도 하고요."

찬우는 《삼강행실도》 책을 폈다. 민손, 곽거, 왕상, 박재상, 정몽주

이야기들이 눈에 익었다. 도화원의 화원들이 그림을 그리던 모습도 눈에 생생했다.

"절개 있는 여인이 대신 죽다니, 무슨 이야기일까?"

이모가 책을 펼쳐 보더니 관심을 보였다.

"어머나, 원수가 남편을 죽이러 올 걸 알고, 일부러 남편을 살리려고 남편 자리에서 잠을 잤대. 그러다가 원수에게 목이 베여 죽은 한나라 여인의 이야기구나. 남편을 생각하는 마음이 이리도 깊다니……."

이모가 고개를 끄덕였다.

삼강행실도 펼쳐 보기

절녀대사

절녀대사
節女代死
마디 절 여자 녀 대신할 대 죽을 사

절개 있는 여인이 대신 죽다

이 그림의 제목인 '절녀대사'는 '절개 있는 여인이 대신 죽다.'라는 뜻이에요. 《삼강행실도》의 열녀 편에 수록된 그림이지요.

이 그림 속 주인공인 절개 있는 여인은 중국 한나라 때 사람이었어요. 여인의 남편에게는 원수가 있었지요. 그 원수는 여인의 남편에게 복수할 방법을 찾던 중 여인이 효성이 깊고 의리가 있다는 이야기를 들었어요. 그래서 여인의 아버지를 위협해 딸을 불러내게 했답니다. 여인의 아버지가 딸을 불러 사실대로 말했어요. 여인은 아버지의 말대로 하지 않으면 아버지를 죽게 하는 불효를 저지르게 될 것이고, 아버지의 말대로 따라갔다가는 남편을 죽게 하는 불의를 저지르게 될 처지였지요. 불효와 불의는 모두 여인에게 용납할 수 없는 일이었어요. 그래서 대신 자신이 직접 나서기로 결심했답니다.

여인은 남편의 원수에게 새벽에 머리를 감고 동쪽으로 머리를 두고 누워 있는 사람이 남편이라며 문을 열어 놓고 기다리겠다고 했어요. 그러고는 남편을 다른 자리에서 자게 하고, 자신이 대신 머리를 감고 문을 열어 놓은 채 동쪽으로 머리를 두고 누웠습니다. 한밤중이 되자 남편의 원수가 나타나 머리를 베어 갔습니다. 나중에 머리를 확인한 남편의 원수는 여인의 의리에 감복하여 여인의 남편을 살려 주었다고 합니다. 지금의 상황에는 맞지 않는 이야기지만 자신이 처한 상황에 맞춰 난관을 헤쳐 간 하나의 사례로, 부모에 대한 효심과 남편에 대한 의리에 대해 생각하게 해 주는 이야기입니다.

15장

효부상

찬우는 이모에게 집으로 가겠다고 말했다. 이모는 더 있다가 가라고 했지만 찬우는 마음을 바꾸지 않았다.

"괴짜 할아버지가 안 계시니 심심해서 그렇지?"

이모가 터미널까지 데려다주며 말했다. 찬우는 가슴이 저릿했다. 엄마는 할머니 때문에 마중 나올 수 없다며 혼자서 지하철을 타고 집으로 오라고 했다. 혼자서 조선 시대도 갔다 왔는데, 지하철을 혼자 타는 것쯤이야 찬우에게는 식은 죽 먹기였다.

"엄마, 아빠, 할머니!"

찬우는 현관문을 들어서며 큰 소리로 불렀다.

"이런! 이왕 갔으면 조금 더 있다가 오지."

엄마가 달려 나와 안아 주었다. 잠깐 사이에 엄마의 얼굴에는 기미가 퍼져 있었다.

집으로 돌아온 뒤부터 찬우는 엄마를 도와 할머니를 정성껏 보살폈다. 할머니가 음식을 잘 먹을 수 있게 살피고 숨긴 음식에 곰팡이가 피기 전에 찾아냈다. 그리고 할머니의 목욕도 돕고, 운동을 나갈 때도 함께 했다.

"네가 웬일이니? 할머니 때문에 이모네 집으로 도망치듯이 간 애가 어째 철들어 온 것 같다."

엄마는 찬우의 행동을 보고 몹시 놀라워했다. 아빠도 엄마의 말에 고개를 끄덕였다.

"우리 아들, 《삼강행실도》를 착실히 읽은 모양이구나."

"그럼요, 읽은 정도가 아니고 체험하고 왔어요."

"그게 무슨 말이니? 이모가 요양원 봉사라도 시켰니?"

엄마가 놀라서 물었다.

"할 수 있으면 해야지."

"당신도 참, 고생한 것 같아 그러죠."

"봉사하는 고생은 값진 거요. 난 우리 아들이 의젓해져서 좋기만 하구먼."

아빠가 찬우의 어깨를 툭 쳤다.

"그런 게 아니에요."

찬우는 조선 시대 세종 대왕, 장영실, 집현전 학자들, 도화원 화원들을 만났다는 말을 하고 싶어서 입이 간질거렸지만 참기로 했다. 헛

소리한다고 한마디 들을 게 뻔하기 때문이었다.

 찬우는 엄마 심부름으로 슈퍼에 갔다. 찬우의 머리에 《삼강행실도》의 내용이 훤하게 떠올랐다. 그중에서 남편을 잡아가는 호랑이를 쫓아가 호통을 치고 남편을 살려 낸 열녀 이야기도 생각났다.

 '으이구!'

 찬우는 그림을 훔치라고 하던 박 화원이 생각났다.

 '설순, 장영실, 안견, 세종 대왕은 모두 알겠는데, 박 화원은 도대체 누구지?'

 찬우는 조선 시대 화원들에 대해 알아봐야겠다고 생각했다. 확실한 건 안견은 역사에 남는 인물이 되었지만 박 화원은 그렇지 않았다는 것이다. 자신에게 다정하게 대해 주던 행랑아범과 개동이가 보고 싶었다.

 "안녕?"

 귀남이와 인규가 손을 들어 보이며 인사를 했다.

 "안녕? 캠프 잘 갔다 왔니?"

 "응, 재미있었어. 너도 다음 방학 때 같이 가자. 강릉은 가는 곳마다 정말 아름다웠어. 거기에 갔다 오니 기분이 좋아."

 귀남이가 아주 밝은 표정으로 말했다.

 "그렇게 좋았니?"

 "물론이지. 강릉 따라길 캠프에서 생각 키우기를 많이 해서 그런가? '남이 나를 소중하게 여기기를 바란다면 내가 먼저 남을 소중하게 여기는 것이 좋다.'《명심보감》 내용도 생각나더라고."

옆에 있던 인규가 귀남이 말에 어깨를 으쓱해 보였다. 캠프는 성공적인 것 같았다.

"너는 이모네 집에 가서 어떻게 보냈어?"

인규가 물었다.

"나야 환상적이었지. 공간 이동을 했거든."

"공주 갔다 왔다는 것 누가 모르냐? 나도 공주에 있는 석장리 구석기 유적지에 가 봤어."

귀남이가 당연하다는 투로 말했다.

"말해도 너희들은 이해 못해."

찬우는 의아해 하는 둘과 헤어져 집으로 향했다.

"찬우 엄마! 시어머님 수발하느라 고생이 많지요?"

집 앞에서 엄마가 통장 아주머니와 이야기를 나누고 있었다.

"신경을 조금 더 쓰는 것뿐인데요, 뭐."

"그래도 얼마나 고생이 많겠어요? 이번에 효부상 추천하라고 하던데, 찬우 엄마가 생각나더라고."

"아이고, 무슨 말씀이세요?"

엄마가 손사래를 쳤다. 그리고 통장 아주머니에게 어서 가 보라고 등을 밀었다.

"엄마, 상 주신대요?"

찬우가 물었다.

"상은 가당치도 않아. 게다가 난……."

엄마는 잠시 말을 멈췄다. 찬우는 엄마의 다음 이야기가 궁금했다.

"힘들 때는 차라리 어머님이 돌아가시게 해 달라고 푸념한 적도 있었단다. 그런데 어떻게 효부상을 받을 수 있겠니?"

엄마의 눈이 촉촉해졌다. 얼마나 힘들었으면 그런 생각을 했을까, 찬우는 엄마가 얼마나 마음고생을 했는지 알 듯했다. 찬우는 퇴근한 아빠에게 낮에 있었던 말을 했다.

"당신도 참, 시집 와서 지금껏 정성으로 모셨고, 당뇨와 치매가 와도 변치 않고 봐 드렸잖소. 당신은 칭찬 받아 마땅해요. 내가 많이 도와주지 못해서 미안하오."

"아휴, 그만해요. 당연하다고 생각하고 있으니 괜히 마음 흔들지 말아요."

엄마가 살짝 눈을 흘겼다.

"아빠, 잠깐만요."

찬우는 방으로 들어가며 아빠에게 손짓을 했다. 아빠도 찬우 방으로 들어갔다. 찬우는 아빠와 함께 빳빳하고 깨끗한 종이에 글귀를 써 넣고 주변을 예쁘게 꾸몄다.

이튿날 아침, 아침을 먹고 난 찬우는 온가족을 모아 놓고 엄마에게 어제 아빠랑 만든 종이를 내밀었다.

"엄마, 이거 받으세요."

"그게 뭐니?"

엄마의 눈이 동그래졌다.

"세상에 하나밖에 없는 귀한 상이니 받아요. 당신은 충분히 받을 자격이 있어."

아빠가 환하게 웃으며 말했다.

"맞아요, 어서 받으세요."

찬우가 아빠와 함께 멋지게 꾸민 표창장을 엄마에게 안기며 뿌듯한 미소를 지었다.

"너희들 나만 빼고 맛있는 거 먹냐?"

할머니가 방을 나오더니 버럭 소리쳤다.

"아, 아니에요. 할머니."

찬우는 할머니를 향해 두 팔을 벌리고 달려갔다.

이야기를 마치며

《삼강행실도》를 알아보아요!

찬우와 함께 《삼강행실도》를 만들던 당시의 조선으로 떠난 여행은 재미있었나요? 백성들에게 도덕 교육을 시키기 위해 그림책을 만든 세종 대왕의 마음이 전해졌나요? 우리가 살고 있는 현재와 세종 대왕이 책을 만들던 시대의 상황은 다소 다르지만, 웃어른을 공경하고 부모에게 효도해야 하는 사람의 기본 도리에 대해서 다시 한번 생각하게 하는 책임에는 틀림이 없지요. 그럼 여기서는 《삼강행실도》에서 전하고자 하는 메시지가 무엇인지 생각해 보며 《삼강행실도》에 대해 좀 더 알아보아요.

 책의 구성은 어떻게 되나요?

우리나라와 중국에서 발간한 여러 책 가운데 군신·부자·부부의 삼강에 모범이 될 만한 충신·효자·열녀 각각 35명씩을 뽑아 그 사람들의 행적을 적고 그 내용을 그림으로 표현해 만든 책이에요. 우리나라 사람으로는 효자 4명, 충신 6명, 열녀 6명이 실렸답니다. 〈삼강행실효자도〉, 〈삼강행실충신도〉, 〈삼강행실열녀도〉 3권을 엮어서 1책으로 구성했어요.

 언제 누가 만들었나요?

1431년(세종 13년)에 집현전 부제학으로 있던 설순과 집현전 학자들이 세종의 명에 따라 만들기 시작했어요. 1432년(세종 14년) 6월에 권채가 쓴 서문과 함께 초고본이 완성되었지요. 그리고 같은 해 10월에는 맹사성이 진전문을 추가로 썼고, 다음해(1433년) 2월에는 주자소에서 그림에 대한 판각을 완료했지요. 그러고는 정초가 책의 끝에 발문을 추가로 써 붙여 1434년(세종 16년) 11월에 반포했어요. 세종 때 《삼강행실도》를 처음 만든 이후 조선에서는 수차례 재정비하여 간행했답니다.

각각의 장은 어떻게 구성되었나요?

각 이야기마다 소개한 인물들에 대한 사실을 적고, 주요 내용을 표현한 그림을 넣고, 한자로 설명한 다음 7언절구 2수의 영가에 4언일구의 찬을 붙였어요. 그리고 그림 위에는 한자로 설명한 내용을 한글로 풀어써 놓았어요.

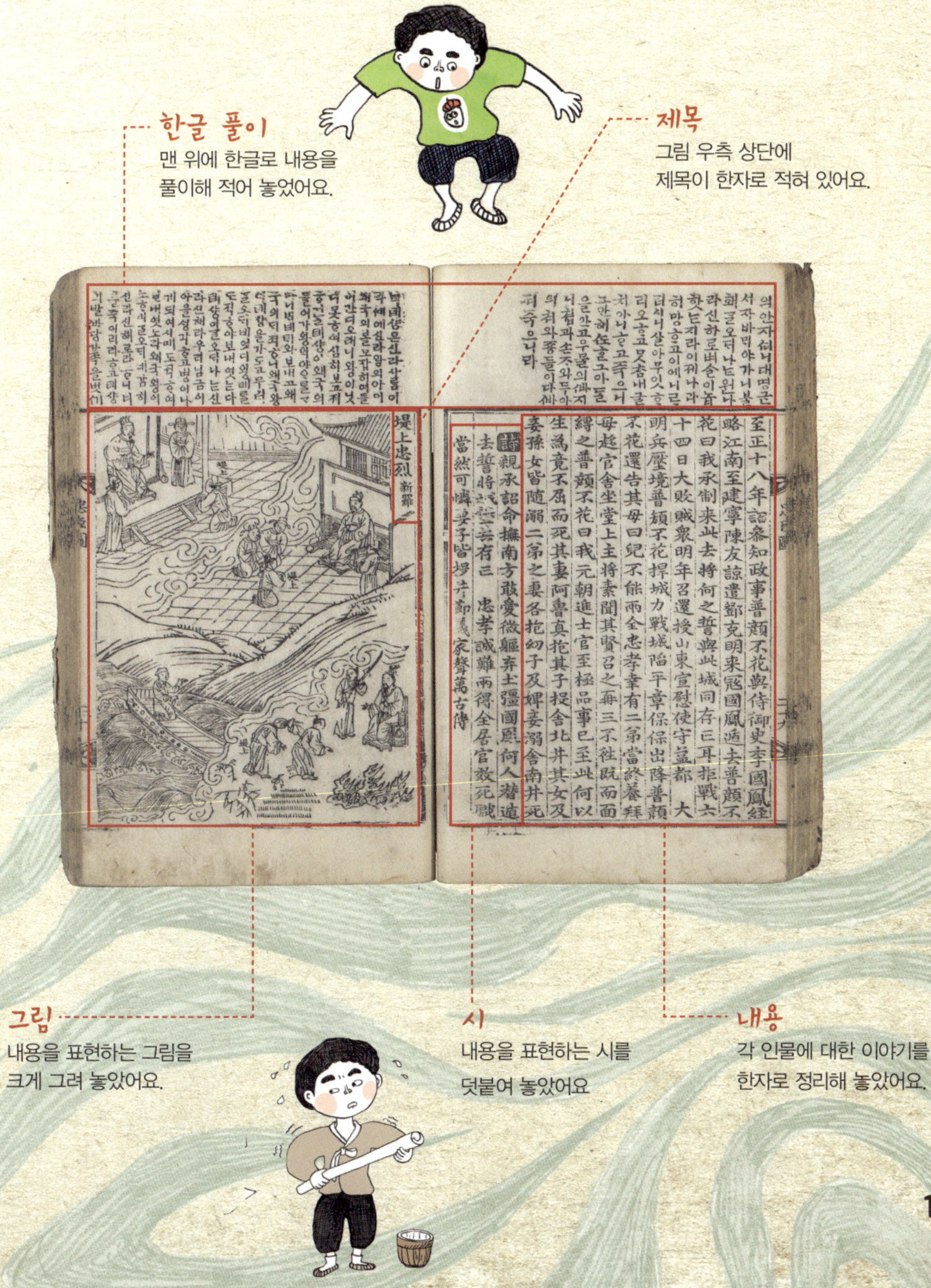

한글 풀이
맨 위에 한글로 내용을 풀이해 적어 놓았어요.

제목
그림 우측 상단에 제목이 한자로 적혀 있어요.

그림
내용을 표현하는 그림을 크게 그려 놓았어요.

시
내용을 표현하는 시를 덧붙여 놓았어요.

내용
각 인물에 대한 이야기를 한자로 정리해 놓았어요.

《삼강행실도》의 그림은 누가 그렸나요?

《삼강행실도》의 그림을 담당한 사람으로는 당시 화가로 명성을 떨친 안견이 있어요. 안견이 밑그림을 그리고, 안견의 책임 아래 최경, 안귀생 등 당시의 유명한 화원들이 참여했을 것으로 추측하고 있어요.

《동국신속삼강행실찬집청의궤》를 보면 안견의 그림으로 전한다는 기록이 있지요. 실제로 안견의 다른 그림에서 본 화풍이 《삼강행실도》의 그림에 포함되어 있다고 해요. 또한 이렇게 그림 양이 많은 작업을 할 때에는 여러 화원이 동원되었을 가능성이 높아요. 실제 작품에서도 여러 사람의 화풍이 발견되었답니다. 《삼강행실도》의 그림은 일정한 형식을 갖고 있어요. 산, 언덕, 집, 구름 등을 지그재그로 나누고, 그 가운데 마련된 공간에 이야기의 내용을 아래에서 위로 1~3장면을 순서대로 배치하는 식이지요.

이렇게 설명글 외에 내용을 표현한 그림들을 실어 놓은 《삼강행실도》는 조선 초기의 복식과 건물의 양식 등을 엿볼 수 있는 중요한 자료로도 꼽힌답니다.

 ### 이 책이 출간된 데에는 어떤 의미가 있나요?

《삼강행실도》가 처음 간행된 이후로 계속 《이륜행실도》, 《오륜행실도》 등 조선 시대 일반 백성들의 교화를 위한 도덕 책이 이 책의 형식과 취지를 본받아 간행되었어요. 이런 책들은 일본에도 수출되어 이를 다시 복각한 판화가 제작되기도 하였답니다.

이 책은 조선 시대의 윤리 및 가치관을 이해하는 데 귀중한 자료가 되며, 또한 국어사의 연구 및 전통 회화사의 연구를 위해서도 많은 관심을 끌고 있답니다.

* 이 책에 실린 《삼강행실도》 그림과 표지는 서울대학교 규장각한국학연구원이 소장하고 있는 자료입니다.

〈어린이의 인성과 지성, 고전에서 찾다〉

고전은 생각만 해도 따분하다고요?
더 재미있는 책들도 많은데 왜 우리는 아직까지도 고전을 읽느냐고요?
바로 고전 속에 담겨 있는 옛사람들의 지혜가 시대를 아울러
지금까지도 우리 삶의 근본이 되고 있기 때문입니다.

공자 귀신을 만나
논어의 가르침을 깨닫는
하랑이가 부럽구나

공자 귀신이
논어를 들고 나타났다고요?

01 논어 들고 나타난 공자 귀신

《논어》는 고전의 기본이자 대표적인 책입니다. 논어 속에서 공자가 제시하는 군자의 모습은 아이들이 앞으로 인생을 살아가는 데 좋은 롤모델이 될 것입니다.
《논어 들고 나타난 공자 귀신》을 통해 재미있게 풀어 놓은 논어! 공자가 귀신이 되어 나타난 모습은 어떤 모습일까요?
놀기 좋아하고, 엄마 아빠한테 자주 혼나는 우리의 친구 하랑이와 함께 논어 들고 나타난 공자 귀신을 만나 보아요!

글 고향숙 · 이도현 | 그림 김미현 | 160쪽 | 188*245 | 값 11,000원

오래전 옛 성인들이 쓰고 남긴
고전을 새롭게 만나 보아요!

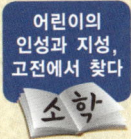

어린이의 인성과 지성,
고전에서 찾다
소학

02 소학에 미친 고집쟁이 김굉필

《소학》은 인간의 기본적인 도리에 대한 내용을 담은 책입니다. 소학에는 살아가면서 해야 할 행동들과 하지 말아야 할 행동들이 구체적으로 담겨 있지요. 아이들에게 행동의 기본을 전해 주는 소학을 소학동자 김굉필의 삶을 통해 풀어낸 《소학에 미친 고집쟁이 김굉필》! 《소학》에는 어떤 내용이 담겨 있고, 또 어떤 교훈을 주는지 김굉필이 들려주는 이야기를 함께 들어 보아요!

도대체 소학이 뭐길래 소학만 파고들었을까?

글 이종란 | 그림 강은경 | 160쪽 | 188*245 | 값 11,000원

어린이의 인성과 지성,
고전에서 찾다
명심보감

03 심심할매의 명심보감 레시피

《명심보감》은 조선 시대에 가정이나 서당에서 어린이의 기본 학습 교재로 널리 사용된 책입니다.
심심할매는 이 명심보감을 독특한 방법으로 아이들에게 알려줍니다. 대장부가 잘못을 용서하는 것처럼 상대의 잘못을 용서하고 싶을 만큼 맛있는 굴비, 욕심을 내지 않고 조화를 이루는 것처럼 어느 쪽으로도 치우치지 않은 탕평채, 남의 우물 깊은 것만 탓하는 사람과 달리 연장 탓을 하지 않는 장인의 불고기. 이런 음식을 선보이며 《명심보감》 속 지혜를 들려준답니다. 심심할매의 맛있는 음식과 고전 속 지혜를 만나러 가 볼까요?

음식 속에 어떻게 고전 속 지혜가 담겨 있어요?

글 이종란 | 그림 강은경 | 160쪽 | 188*245 | 값 11,000원

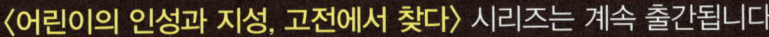

〈어린이의 인성과 지성, 고전에서 찾다〉 시리즈는 계속 출간됩니다.